# 歩行が広げる乳児の世界

発達カスケードの探究

外山紀子
西尾千尋
山本寛樹

ちとせプレス

# はじめに

支えにつかまり、足を横に移動させながら歩いていた赤ちゃんが、支えから手を離し、おぼつかない足どりで歩き始める瞬間は、とても感動的です。「オギャーオギャーと頼りなく泣いていたあの赤ん坊が、こんなに大きくなって！」と感慨もひとしおですが、自分の力だけで前に進んでいこうとする姿に力強い生命力を感じるものです。本書では、この歩行を取り上げます。乳児が歩き始めるまでには神経系や運動機能等、さまざまな面の発達を必要としますが、本書で検討する問いは「何が発達することによって、歩行が可能になるのか」ではなく、「歩行が可能になることによって、何が変わるのか」です。

近年、乳児期（〇～二歳頃）のロコモーション（移動運動）の発達が知覚や認知、他者とのかかわり、そして言語など、一見すると運動とは無関係に見える領域へと波及していく現象に、注目が集まっています。この現象は「発達カスケード」（developmental cascades）と呼ばれています。カスケードは「連なって流れる小さな滝」（第1章参照）を意味し、ある出来事が次々と他の出来事に影響を及ぼしていく様相を表します。発達カスケードでは、ロコモーションから言語というように、異なる領域への波及効果に着目します。これまでの発達心理学ではロコモーションなら姿勢・運動領域、言語なら言語領域というように、それぞれの発達は、主として領域内に閉じたものとして検討されてきました。領域横断的な視点に立った検討は十分ではなかったのです。しかし、発達は身体をもった一人の子どもを舞台として展開するのですから、身体領域の変化が他のさまざまな領域に波及していくことは、あらためて考えてみれば当然なのかもしれません。

本書ではロコモーションの中でも、とくに歩行の獲得をきっかけとした変化を見ていきます。乳児期は他の時期と比べて変化のスピードが速いという特徴があります。乳児はわずか数カ月の間にハイハイからつたい歩き、歩行を獲得していきます。ほふく前進のような形で移動していた乳児が立位姿勢を保持したまま移動するようになるのですから、環境からどのような情報を得るのかも、その情報に基づいてどのように感じ、考えるのかも、そして他者とどのようにかかわるのかも大きく変わります。このプロセスでどのようなことが起こるのか、その詳細は各章をお読みください。

「赤ちゃんは歩き始めると語彙も急に増えて、それまでとは別人のようにかかわりを求めてくるようになるんですよ」と、発達カスケード研究の成果を保育者の方に話すと、「そんなことは知っている」といった顔をされることがあります。長年、保育に携わっている方から見ると、歩行開始前後の変化は「当たり前のこと」なのかもしれません。しかし、よく考えてみると、これはとても不思議なことではありませんか。なぜ歩き始めると語彙が増えるのでしょう。なぜ歩き始めるとかかわりを求めてくるようになるのでしょう。本書には、この謎を解くヒントが詰まっています。発達を研究する専門家・大学院生だけでなく、発達について勉強中の学部生、現場で乳幼児の発達に立ち会い支援している保育者・幼児教育関係者、そして子育て奮闘中の、あるいはかつて奮闘していた方々など、多くのみなさまに歩行の魅力、そしてロコモーションの発達を中心とするカスケードのダイナミックな展開をお伝えできればと思います。最後に、本書の企画から出版までのすべての工程に丁寧におつき合いくださり、草稿に対して建設的で有益なコメントをくださった櫻井堂雄氏（ちとせプレス）に心からの感謝をお伝えしたいと思います。浦崎由衣氏には、あたたかくやわらかいイラストを描いていただきました。お二人のご尽力に、心より感謝申し上げます。ありがとうございました。

著者を代表して

外山紀子

# 目　次

はじめに　i

第1章　発達カスケード　1

1　カスケード　1
2　〝以前から〟の発達カスケード研究　3
3　〝新たな〟発達カスケード研究　5
4　本書の構成　7

第2章　運動発達と移動の始まり　9

1　発達の一般性と個人差　10
■コラム2-1　運動を捉える手段　16
2　初期の姿勢と運動の発達　17
3　移動の始まり　21

4 運動発達とその環境 24
■コラム2-2 運動の熟達と柔軟性 28

第3章 歩行発達と行動の変化 31
1 ハイハイと歩行の違い 32
2 運動としての歩行発達 35
3 歩行のサイズと探索的性質 39
■コラム3-1 ビジュアルクリフと坂道 42
4 歩行発達とモノとのかかわり 43
■コラム3-2 計測機器の発展と自然観察 49

第4章 歩行発達と言葉のやりとり 53
1 歩行獲得は言語発達と関連する? 54
■コラム4-1 語彙発達のオープンデータ「Wordbank」 55
2 言葉の発達を導く親子のやりとり 57
■コラム4-2 物体操作中の乳児の視野と語意学習 62
3 歩行獲得に伴う親子のやりとりの変化 66

4 ■コラム4－3 乳児はモノのラベルを何と結びつけて学習している？ 68
歩行獲得に伴う、行為のネットワークの再編 73

第5章 歩行発達と視線のやりとり 77
1 さまざまな視線のやりとり 78
2 実際の親子間相互作用における視線のやりとり 85
■コラム5－1 手による行為を介した共同注意 90
3 歩行発達と親子の視線のやりとり 92
■コラム5－2 日常環境における乳児の姿勢発達の評価 93
4 歩行発達と視線のやりとりの生じる状況 96
■コラム5－3 遠くからでも視線を検出しやすい、ヒトの目の形態 99
5 課題と展望 103

第6章 モノを見せる、渡す、指さすこと 107
1 二項関係と三項関係 108
2 観察を行った保育園 110
■コラム6－1 移動距離の計測 113

3　モノを見せること、渡すこと　115
4　指さし　121
■コラム6－2　装飾された部屋（デコレーテッド・ルーム）　124
5　指さしとロコモーション　126
6　まとめ　134

第7章　模倣とタッチ　137
1　乳児期の仲間関係と模倣　138
2　模倣とロコモーション　141
■コラム7－1　双子の模倣　142
3　タッチ　148
4　タッチとロコモーション　151
■コラム7－2　くすぐり遊び　158
5　まとめ　161

第8章　発達カスケードの多様性と冗長性　163
1　領域横断的な発達　163

2　タイミング　166
3　経路の多様性と冗長性　168
4　文化と発達カスケード　170
5　おわりに　172

引用文献　192
人名索引　194
事項索引　197
著者紹介　198

イラスト：浦崎由衣

# 第1章
# 発達カスケード

外山紀子

## 1　カスケード

発達カスケード（developmental cascades）が本書のテーマです。『ランダムハウス英和大辞典（第2版）』（小学館ランダムハウス英和大辞典第2版編集委員会、一九九三）によれば、カスケード（cascade）は「（低いいくつかの段になって落ちる天然または人工の）滝」（図1－1）と訳されます。化学分野ではカスケード反応という概念がありますが、これは「最初の反応の引き金が引かれると、それ以降の一連の反応が連鎖的に起こり、小さな最初の変化が増幅されていく系。（中略）次から次へと反応が増幅されていく様子を滝（cascade）にたとえている」（吉村、二〇〇九、二六三頁）とのことです。この説明にあるとおり、カスケードは複数の反応が次々とドミノ倒しのように連鎖していく様を指します。発達カスケードは、発達過程においてこうした連鎖が起こり、その結果として、さまざまなスキルや知識

図 1-1　カスケード

が獲得されていくという考え方です。新たな能力はそれ単体ではなく、諸要因が複合的に作用してつくられる変化の流れの中で発現していく、と見るのです。

近年、乳児研究において「発達カスケード」を冠する本や論文の発行が相次いでいます。乳児研究の国際学術雑誌である*Infancy*を発行しているICIS（International Congress of Infant Studies）の会長（二〇二〇～二〇二一年）であったオークスは、二〇二〇年に『発達カスケード』（*Developmental cascades*）というタイトルの本を共著で著し（Oakes & Rakison, 2020）、二〇二三年には*Infancy*において「発達カスケードと経験について理解する」（Understanding developmental cascades and experience）と題する論文を発表しました（Oakes, 2023）。「子どもの発達と行動の進歩」（Advances in child development and behavior）というブックシリーズでも、二〇二三年に「発達カスケード」（Developmental cascades）の特集が組まれました（Tamis-LeMonda & Lockman, 2023）。ここには、先のオークスも原稿を寄せています。日本でも、『発達心理学研究』において、二〇二四年一二月に「発達カスケード」の特集号が発行されます（本書著者の西尾千尋は編者の一人)。

## 2　〝以前から〟の発達カスケード研究

前述のオークスらによる『発達カスケード』(Oakes & Rakison, 2020)の第五章タイトルには「発達カスケード――変化を理解する新たな枠組み」(Developmental cascades: A new framework to understand change)と記されています。ここだけ読むと、発達カスケードは新しい概念だと思われる人もいるかもしれません。しかしそれは間違いであり、正しくもあります。

〝新たな〟をいつ以降と考えるかによって答えは異なりますが、たとえば二〇〇〇年を区切りとすれば、それ以前も発達カスケードという言葉は発達心理学の論文で使われています。したがって、発達カスケードはけっして〝新たな〟概念ではありません。一九九六年発表の論文(Fry & Hale, 1996)には「発達カスケードの証拠」(Evidence for a developmental cascade)という副題がついており、七〜一九歳の年齢範囲における複数の認知機能(処理速度、ワーキングメモリ、流動性知能)間の因果関係が検討されました。

この論文を含む〝以前から〟の発達カスケード研究において、発達カスケードとは「発達中のシステムで生じたさまざまな相互作用あるいは交互作用によって発達に累積的な効果が生じることで、その効果は複数のレベル間や同じレベルの複数の領域間、さらには異なるシステムや世代間へと拡散していく」(Masten & Cicchetti, 2010, p. 491)とされています。一般的にシステムとは複数の構成要素が集まったもので、特定の機能をもつ各要素が相互に影響し合いながら一つのまとまりとして機能しているものを指します。ここでのシステムを一人の子どもとすれば、先の定義は次のように考えられるでしょう。複数のレベルとは、たとえば神経系と行動のこと、複数の領域とは、たとえば行動の中でも身体運動と計算能力のこと、そして異なるシステムや世代とはたとえば母親というシステムと子どもというシステムのことで、それらは密接につながり影響を及ぼし合っています。そのため一つが変化すると他にも効果が及んでいき、その総体として発達が進んでいくと見るのです。この視点に立つと、たとえば子どもの問題行動はさまざまなレベルのさまざまな領域にわたる諸要因（子どもの気質や養育者の養育態度、養育行動、抑うつの程度、社会的環境など）が累積的に作用した結果として捉えられます。発達過程における縦断的で領域横断的な（cross-domain）独自の関係性（Bornstein et al., 2013）を検討する枠組みが、発達カスケードであるのです。

要因間の影響関係には直接的で一方向的なもの、直接的で双方向的なもの、さらには間接的なものも含まれますが、発達カスケード研究で取り上げるものはいずれも持続的で長期的な効果です。発達心理学ではこれまで、これらの効果は連鎖反応やスノーボール効果、増幅効果、スピルオーバーといった概念で論じられてきました（Masten & Cicchatti, 2010）。〝以前から〟の発達カスケード研究は、かなりの長期間にわたる効果を主として検討してきました。なかには数年間の縦断データを分析した研究もありますが（たとえば、Beeson et al., 2020; Bornstein et al., 2006）、多くは何十年にもわたる長期縦断データを扱っています（たとえば、Burt et al., 2008; LoParo et al., 2023; Verhagen et al., 2023）。また、先に挙げた研究（Fry & Hale, 1996）のようにワーキングメモリや流動性知能といった認知機能を取り上げたものもありますが、内在化・外在化問題（Burt et al., 2008）や抑うつ（Beeson et al., 2020; LoParo et al., 2023）、孤独（Verhagen et al., 2023）など、精神病理学上の問題が主として検討されてきました。後の精神病理の発現に先行する要因や、それが発現していく軌跡を明らかにすることを意図しているのです。日本でも、直原他（二〇二三）は八年間の縦断データに基づいて子どもの内在化・外在化問題に影響する要因を発達カスケードの枠組みで検討しています。

## 3 〝新たな〟発達カスケード研究

本章冒頭で述べたように、近年、乳児期の発達カスケード研究が勢いを増しています。これらの〝新たな〟発達カスケード研究は、発達をシステムの問題として捉えること、領域横断的な効果を明らかにしようとすることにおいては、〝以前から〟の発達カスケード研究と変わりありません。しかし、その特徴として次の三点を挙げることができます。

第一に、何年・何十年ではなく、より短い期間の変化を検討することです。さまざまな要因が関与し、その効果が累積的に作用し新たな能力が発現していくことは、何分、何時間、何日、何カ月という時間間隔の中でも起こりえます（Oakes, 2023）。乳児期はとりわけ変化が速いものです。筆者は約一週に一度の間隔で保育園ゼロ歳児クラスの観察を実施していますが、変化の速さにはその都度、驚かされます。一週間前には背中に支えがないと座位姿勢を保てなかった赤ちゃんがしっかりと座り、右手にも左手にも玩具を持ってニコニコしていたりします。一週間前にはヨタヨタとした足どりだった赤ちゃんが、タッタッタッと転びそうになりながら歩いて抱きついてきたりもします。姿勢やロコモーションだけでなく、玩具の遊び方も保育者とのやりとりも言葉も、あっという間に目に見える変化を遂げるため、乳児期は短期間でも変化を捉えやすいのです。このことは研究方法に大きなメリットをもたらします。長期縦断研究は、とかく膨大な時間とコストがかかるものです。期間が長くなればなるほど人手も労力もお金もかかり、脱落する対象者は増えていきます。発達に関与する要因も多くなり、因果関係の特定は難しくなります。しかし、期間が短くなれば、これらのリスクを減らすことができるのです。

第二に、〝新たな〟発達カスケード研究は非行や抑うつといった精神病理学的問題より、ある領域の能力が別の領域の能力の発現に寄与するというニュートラルな効果を主として検討しています（Oakes & Rakison, 2020）。ロコモーションとの関連では、視覚的注意（Kretch et al., 2014; Long et al., 2022 など）やモノの操作（Karasik et al., 2011, 2012 など）、養育者とのやりとり（Clearfield, 2011; Clearfield et al., 2008; Karasik et al., 2014; Schneider & Iverson, 2022 など）、言語（Iverson, 2010; West & Iverson, 2021 など）などが検討されています。その詳細は第2章以降で述べていきます。

第三に、発達カスケードはある時点で起こった変化が後に起こる発達の舞台（stage）となる（Oakes, 2023）という重要な主張を含みますが、乳児期の姿勢・ロコモーションに視点を置くと、この問題を捉えやすくなります。姿勢・ロコモーションの発達は、乳児と世界との身体的かかわりを変化させます。一人で座位を保てるようになると、上半身を直立させた状態で両手を使って玩具などのモノを操作できるようになります。座位のときには目の前に座っている養育者を見上げていた乳児も、立位が保てるようになると、ほぼ同じ視線の高さで養育者とかかわるようになります。より対等な関係が物理的につくられるのです。大人についても相手と身体動作を同期させると、その相手への好ましさや信頼感が高くなることが知られていますが（たとえば、Hove & Risen, 2009）、ここからもわかるように、身体の動きや位置といった物理的関係性は心理社会的関係性に影響を与えるのです。そしてこのことは、乳児と養育者にもあてはまるでしょう。乳児は歩き始めると、養育者に玩具を見せたり持ってきたりすることが多くなり、さらにそれを使って「あれをしろ・これをしろ」と注文が多くなります（Toyama, 2020, 2023）。望みの場所に自力で到達できるという身体面の変化が、心理的な自律性を高めるのかもしれません。

以上のように、〝新たな〟発達カスケード研究は、よりミクロな視点で、発達する子ども全体を射程に捉え、領域横断的な効果を見ていく研究といえるでしょう。

## 4　本書の構成

本書では発達カスケードがどう展開していくかを、乳児期の姿勢とロコモーションについて見ていきます。とくに焦点をあてるのは歩行です。歩行の獲得は知覚や認知、言語、他者とのかかわりといった広範な領域に影響を与え、さまざまな面の発達を促進するよう作用します。第2章、第3章では姿勢・ロコモーションの発達過程、歩行をきっかけとした環境探索の変化を解説します。次の第4章、第5章ではおもに養育者と乳児の二者場面を、第6章、第7章では集団保育場面を取り上げ、歩行の獲得が乳児の世界をいかに広げていくかを述べていきます。

乳児を対象とした研究では、研究法がカギとなります。なぜなら、大人のように質問に答えてもらったり、こちらの指示に従って課題に取り組んでもらったりすることが難しいからです。発達カスケード研究に限らず、近年、乳児研究が盛んになり、以前はわからなかった乳児の有能さが次々と明らかにされていますが、これも視覚的選好法とか馴化法といった実験法が使われるようになったことが大きく貢献しています（外山・中島、二〇一三）。本書では、乳児期の発達カスケード研究で使われている研究法をコラムで紹介していきます。「こんなふうに調べるんだ！」という発見があるかもしれません。

# 第2章 運動発達と移動の始まり

西尾千尋

数カ月ぶりに友人の赤ちゃんに会いました。前回会ったときには床に寝転がってすごしていて近くにあるモノをつかめるかどうかという様子だったのに、生後七カ月になって、自分で座って両手の指を揃え、びっくりするほど器用にせんべいを持ち、時々小さくなったかけらを持ち直しながら食べていました。生まれてから一年程度の間に、乳児の姿勢と運動は大きく変化していきます。首の座り、仰向けの姿勢からうつ伏せへの寝返り、モノに手を伸ばすリーチング、座位など、運動のバリエーションが増えることでできることも増えていきます。乳児の発達に合わせたおもちゃを思い浮かべると、この間の乳児の発達の様子を想像しやすいかもしれません。たとえば、仰向けですごすことが多い最初の数カ月向けにはベビーベッドに吊るすベッドメリー、周囲のモノを握り、手や口で探索するようになる頃には握りやすい形状のおもちゃ、座れるようになる頃には手でツマミや積み木などを操作するおもちゃなど、姿勢と運動の発達に応じて、遊び方も、可能になる行為も変化していっていることがわかります（図2－1）。

図 2-1　乳児向けのおもちゃ ── 左からベッドメリー，取っ手のついたボール，型はめパズル

乳児が自分で移動するようになるのには、早くても生まれてから数カ月がかかります。文化によって違いはあるものの、生まれて数カ月間の乳児は基本的にはどこかに寝かされて一日の多くの時間をすごします。乳児は自分で移動することができなくても、人の動きを目で追ったり、物音がする方向に顔を向けたり、モノに手を伸ばしたり、周囲の探索をたくさん行っていますし、抱っこやおんぶで運ばれることで受動的な移動も経験します。そして、自力で座ったり、移動したりできるようになるといった姿勢と運動の発達は、周囲とのかかわり方を変え、乳児の日常の経験を大きく広げていきます（図2－2）。この章では運動発達に関する理論と、自力での移動の始まりについて概説します。

## 1　発達の一般性と個人差

### マイルストーンと成熟論

運動の発達は、早い遅いの個人差はあっても一般的に共通する発達の段階があると考えられてきました（図2－3）。

図 2-2　姿勢と移動の発達の例 ── 目で人を追う（生後 3 カ月），手をついた座位で安定した視界を得る（生後 9 カ月），自立した座位でモノを見せる（生後 10 カ月），ハイハイで人を追いかける（生後 11 カ月），つたい歩きで高い視界を得て移動する（生後 13 カ月）

何カ月頃に首が据わる、一人で座ることができる、つかまり立ちやハイハイができるといった、乳児の発達の目安が広く知られていますが、これらは運動発達のマイルストーンと言われるものです。マイルストーンとは、直訳すれば「道標」ですが、発達における重要な達成のことを意味しています。この運動の発達段階の考え方の基本にあるのは成熟論という、一九三〇年代頃からの研究がもととなった神経系の成熟を基本とした理論です。遺伝的な要素を重要視する理論で、この理論によると、時間が経つに従って神経系が成熟し、それを反映した運動が現れるとされます。運動は、新生児に見られるような、外部からの刺激に対する原始的な反射から始まり、大脳皮質にコントロールされた行動（随意運動）へと発達すると考えます。図2－3からもわかるように、代表的な運動の形態がいくつかあり、達成される月齢に個人差はあるものの、現れる動きもその順番も基本的に決まっているという前提で作成されているものです。

しかし、この理論の基本的な考え方では、新生児は反射のみで動き、随意運動が可能になるのは生後数カ月経って

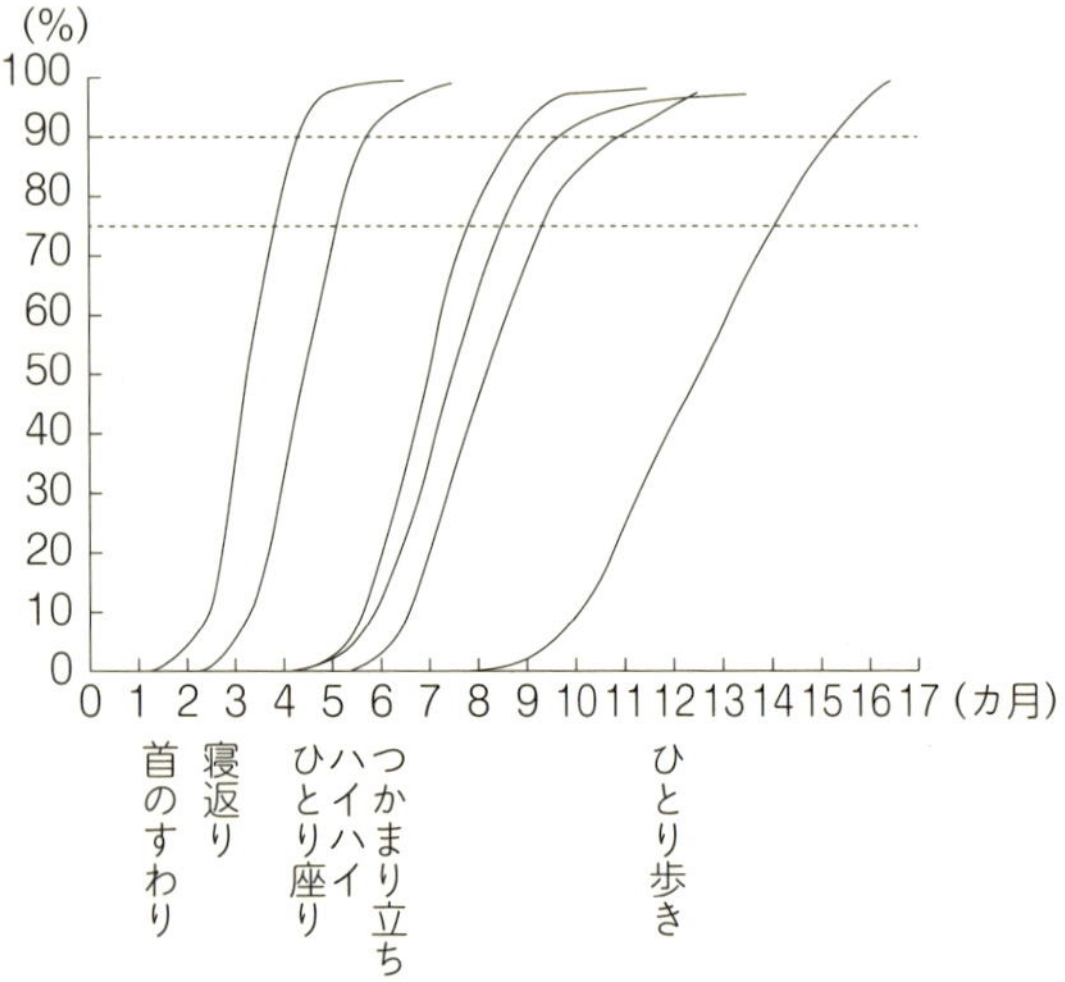


**図 2-3　運動発達のマイルストーン**

（出典）厚生労働省（2011）より作成。

からとされるのですが、これは近年の研究では支持されていません。たとえば、リーチング（モノに手を伸ばしてとること）は生後四カ月頃に現れる最初の意図的な運動として考えられてきましたが、新生児でも自分の腕を知覚情報に従ってコントロールすることができます（van der Meer & van der Weel, 2011）。この実験では、仰向けに寝かされた新生児の手首に小さなスピーカーをつけて、そこから養育者が話しかける声が聞こえるようにしました。その結果、新生児でも声が聞こえるときに耳と手首を近づけるように腕を動かすことがわかりました。発達は生まれたときから（あるいは生まれる前から）始まっていて、突然現れたように見える運動でも、じつはその前から緩やかにつながっているのです。

いくつかのマイルストーンを想定した運動発達段階説は、おおまかには運動の発達的変化の傾向を捉えているでしょう。しかし、実際に個々の子どもの運動の発達の様子を見ると、ハイハイをせずに歩き出す子どもがいたり、ある日は歩いてもそこから一カ月以上歩かなかったり、先に達成したはずのマイルストーンに後退したように見えたり、個々人の発達の多様性を示すには単純化されすぎた形であると言えます。生後一八カ月時点で定型的な発達と診断された乳児について、生後二週間から縦断的にマイルストーン達成時期を調査した研究では、研究に参加した乳児のマイルストーン達成の時期のばらつきは大きく、運動スキルが出現するタイミングは安定していませんでした（Darrah et al., 1998）。ただし、マイルストーン達成は指標としての意味がないわけではなく、生まれて数カ月の間見られる全身の運動であるジェネラル・ムーブメントの種類と出現時期（Prechtl, 1990）や、複数のマイルストーン達成の平均からの遅れは神経発達に関する臨床的な診断にとって意味がありま す（Hadders-Algra, 2018）。一方で、私たちはそれぞれ異なる体をもっていて、力の強さも異なり、腕や脚にもやりやすい動き、やりにくい動きがあります。運動発達はタイマー仕掛けで直線的に進むものではなく、一人ひとりの乳児にユニークな道筋があります。

## 発達のユニークさとシステム論

個々人の発達のユニークさに着目した研究として、一九九〇年代に行われたテーレン他（Thelen et al., 1993）のリーチングの研究が挙げられます。一九九〇年代には、３Ｄモーションキャプチャなどの測定技術の革新などもあり、運動発達研究が、一九三〇年代から六〇年近くのときを経て再流行しました。テーレン他は四名の乳児を実験的に観察し、彼らが手を伸ばしてモノをつかむようになるまで、つまりリーチングが成立するプロセスを数カ月にわたり検証しました。乳児の前におもちゃを提示し、両腕の軌跡、スピード等を記録しました（図２-４）。その結果、リーチングが成立する過程は乳児に

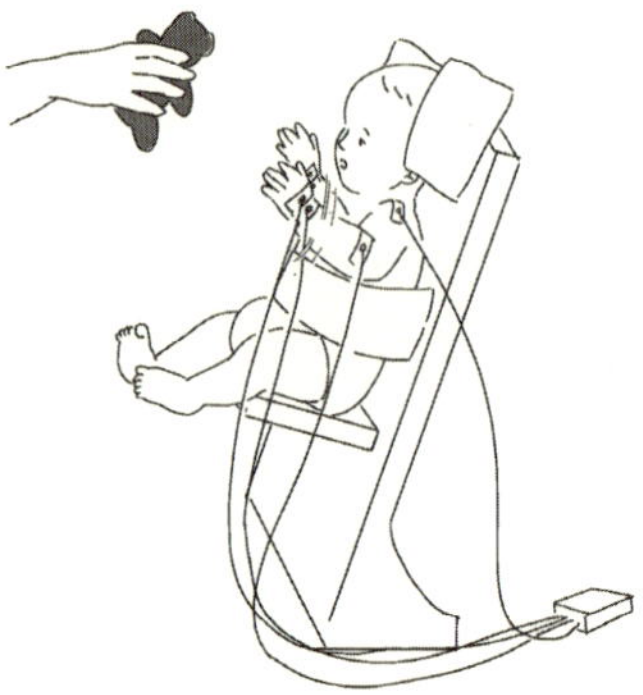

**図 2-4　おもちゃをつかもうとする乳児**

（出典）　Thelen et al.（1993）より作成。

よって異なるものでした。ある乳児は非常に活発で、おもちゃを見せられると当初は左右対称に大きく腕を振りまわしました。やがて肩と肘の関節のコントロールが適切になされるようになり、余計な振れが少なくなることでおもちゃに手を正確にもっていくことができるようになりました。それとは対照的に、比較的もの静かな乳児は、はじめからゆっくりと腕を動かしていて、一見腕がコントロールされているように見えました。しかし、対象となるおもちゃの前での減速や調整がなされていなかったため、直前でうまくつかめなくなることがありました。この場合は経験を積むにつれて逆に腕を動かす速度を上げ、腕をしっかり保持することで安定したリーチングが成立しました。最初に挙げた乳児は力一杯腕を振りまわす動きを制御することで、後の乳児は腕をしっかり保持してスピードを上げることで、正確に手でモノをつかむことができるようになったのです。この結果が示すのは、リーチングという同じゴールに達するのに、異なる体、異なる動きの「くせ」をもつ個々の乳児が解決しなければならない課題は異なり、そこには探索のプロセスがあるということです。

こうした研究はシステム論という考え方に基づいています。これは神経系の成熟を発達の要因と考える成熟論とは異なる考え方です。テーレン他は運動の発達を一つのシステムとして捉えています。個々人にユニークでもともと備わっている動きの傾向が、筋力の増大、脂肪の増加や減少、そしてたとえばあるモノに手を伸ばしてとるといった目的、そのときの環境と合わさって一つのまとまりとして「リーチング」のような運動として現れる、というものです。テーレン他の研究は運動の発達をさまざまな時間スケールで変化するシステムとして捉えるもので、ダイナミックシステム・アプローチと呼ばれます。この理論では、たとえば「ハイハイ」や「歩行」も遺伝的にプログラムされているからある時期に現れるのではなく、自分の体の動きの特性を探索することと、そのときに何をしようとするかといった要因が合わさって特定の運動が現れます。

発達することは、何カ月で座ることができる、何カ月で歩くことができる、といったスケジュールがあって、それをそのとおりにこなしていくことではありません。乳児は教科書を読んで、そろそろ座位に取り組もう、などと考えることはないですし、座位や歩行をするにはどのようにしたらよいかという授業を受けるわけでもないのにどんどん新しい動きを学習します。一人ひとりが異なる体の使い方を探るうちに、手をつっかえ棒にして、安定した腰の上に頭部を垂直に保つことができた（そうしたら周りがよく見えた）、二本の足を交互に出し続けることで転ばずに前に進んだ（そうしたら遠くまでスイスイと移動できた）、といった動きが現れてくるというのが発達の姿であるといえます。テーレン他（Thelen et al., 1993）の研究が示すように、それぞれの身体の制約の違いから、たとえばモノを手でつかむといった同じ目的を果たす機能を達成するのに取り組まなければならない課題は異なります。

## コラム2－1　運動を捉える手段

運動発達研究の展開は技術の発展を反映しています。一九三〇年代には乳児の運動発達研究が進みました。ゲゼルは現代でも用いられる発達検査の基礎をつくったことで有名です。マグローはフィルムによる撮影を用いた乳児の歩行の記録や、双子の縦断的な発達研究で知られています。彼らは運動や発達を捉えるのに写真や動画を積極的に使用しました。マグローとブリーズ（McGraw & Breeze, 1941）は乳児が歩く様子を側面から撮影し、フィルムを紙に投影してトレースすることで重心の変動を可視化しようとしました（図コラム2－1－1）。こうした研究のモチベーションは、乳児の運動発達の標準的なデータを得ることでした。成果は実り、運動発達の標準的な道筋が示されたことで、運動発達研究はその後、大きな進展が見られない時期が続きました。

図コラム 2-1-1　重心の移動を可視化するために，フィルムを紙に映してトレースする

（出典）　McGraw & Breeze（1941）より作成。

一九八〇～九〇年代にシステム論の考え方が発達研究に取り入れられた頃、再び運動発達が注目を浴びます。たとえば、乳児のキックや腕の動き、一歩一歩の歩行といった運動が判で押したようなパターンの獲得ではなくて、探索的な動きから発達してくることを実証するのを助けたのが、モーションキャプチャや、連続した歩行のデータを取得できる大型の床反力計といった機器でした（図コラム2－1－2）。モーションキャプチャは身体の複数の部位にマーカーをとりつけ複数のカメラで関節の位置を推定す

図コラム 2-1-2　モーションキャプチャのマーカーをつけて歩く乳児

るもので、関節角度の時系列的な変化の情報が得られます（中澤、二〇〇九）。現在では、マーカーを身体につける必要がないマーカーレスのモーションキャプチャや、毎日身につけてもそれほど邪魔にならないウェアラブルな小さな加速度計、靴に埋め込んだ床反力計など、測定対象者の負担が少なく、日常環境やそれに近い環境での測定を可能にする技術が開発されています（コラム3－2も参照）。

## 2　初期の姿勢と運動の発達

### 胎児から始まる運動発達

運動発達のマイルストーンは誕生から始まっていますが、誕生前から胎児は自発的な運動を行っています。頭部の回旋や前屈、顔に手を近づける動きは在胎一〇週頃から見られるようです。あくびや親指を吸う動き、羊水を飲み込む動きもこの頃から起こります。一般に胎児がお腹を蹴っていると言われるような、妊娠中に妊婦が感じる胎児の動きは、脚で蹴っているだけではなく、腕や体幹、頭などの全身の動きです。胎児の動きにはたとえば外部の大きな音に対して動くなど、外的な刺激に対する反応も含まれます。一方で、胎児の手の動き全体の三分の二は子宮内部の表面や臍の緒、自分の顔などに向けられており、身体の動きはランダムなものではなく、何かしらの対象に対して動かすものであることが示唆されました（Sparling et al., 1999）。胎児が自分の口に指を入れて吸う際に、手を口元に持ってくる動きを調べた研究では、手が口に入る前に口が開けられるなど、在胎一九〜三五週までには予期的といえるような運動が見られることを示しています（Myowa-Yamakoshi & Takeshita, 2006）。

新生児の動きの大部分は胎児の頃から見られる動きです。誕生後には口や舌を使った吸啜《きゅうてつ》、目の動き、顔の表情の変化、頭部や全身をもぞもぞと動かすような動き、仰向けに寝かされると脚で蹴るような動き、腕をばたつかせるような動き、手指の動きなど、さまざまな身体の部位を同時に動かします。乳児の動きの中で、リズミカルで繰り返し起こる短い運動は常同運動（stereotype）と呼ばれ、腕の振りや足の蹴りなどでは左右が同調しながら動くことが特徴です。乳児がモノを持って腕を振る姿はよく見られますが、何も持っていないもう一方の腕も同じように動きます（Soska et al., 2012）。こうした動きは周囲の人とかかわっているとき、覚醒度が高いとき、モノを持っているときに多いようです（Thelen, 1981）。一見決まったパターンに見える運動ですが、モーションキャプチャにより高解像度で分析したところ動きの軌跡はバラバラで、蹴る力やタイミングの違いを反映した探索的な運動であることがわかっています（Adolph & Berger, 2011）。こうした動きも少しずつ、何かを達成する動きに利用されていきます。バタバタと動かしていた腕が少しずつおもちゃに当たるようになることが、後の意図的なリーチングなど、機能的な行動の発達へとつながっていくと考えられます。

## 姿勢の発達の重要性

新生児が誕生後に経験する大きな環境の変化の一つに重力があります。成人にとっては、自分の身体を意図したとおりに動かせることは当然のことのように感じられるかもしれません。しかし、ヒトの身体はおおまかに捉えても、二〇〇以上の関節と、バネのような柔軟な筋肉、それらをつなぐ腱で構成されており、それらの動かし方の自由度は膨大です。また、乳児の筋力も、脂肪の重さも、腕や脚の長さも急速に変化していきます。それらにかかる重力との関係の中で、乳児は実際に身体をさまざまに動かして探索しながら学んでいきます。その際に重要になるのは姿勢の発達です。姿勢の発達は多くの運動の発達の基本にあります（Bernstein, 1996）。

乳児の初期の姿勢の発達の中で、頭部のコントロールができるようになると、見る行動の可能性が広がっていきます。見ることは静的な行動だと思われがちですが、対象を見る際には眼球自体がよく動きますし、関心のあるものを見るためには頭部をそちらに向けることが必要なので、視覚的な発達と頭部のコントロールは不可分に結びついています。新生児の視力は成人に比べるとかなり低いとされますが、それでも生まれてすぐの頃から視界に入るものをよく見ているようです。生まれて二日目の乳児でも、無地の図形よりも同心円や顔のような図形をより長く見ることなどが一九六〇年代に開発された選好注視法（複数の対象を示したときにどれをより長く注視するのかを検討する方法）を用いた研究で明らかになりました（Fantz, 1963）。見ることと体を動かすことの協調も早くから発達します。暗がりで片側に頭を向けて寝かせた新生児の胸あたりにスポットライトを当てると、自分の手が光に入る位置で腕の動きを止めることができました（van der Meer, 1997）。新生児でも水平にゆっくりと動くモノであれば目で追うこともできます（von Hofsten et al., 1998）。しかし、寝かされた状態では視界に入

図 2-5　座位のバリエーション

るものは限定的です。周囲の人がモノを持ってきてくれたり、抱かれて移動したり、そうしたことによって新しい景色が視界に入ってきます。

姿勢が安定することで、乳児のさまざまな運動の発達が促進されます。仰向けで寝かされている状態でも両側に頭部を回旋することはできますが、うつ伏せであごや頬を床から持ち上げたり、腕で上体を持ち上げたりするようになると少しずつ頭部のコントロールが可能になり、見たい方向に顔を向ける自由が得られます。いわゆる「首が据わる」頃には視覚的な探索と頭部のコントロールが安定的に協調するようになります。姿勢が安定すると見たい方向を見ることと、気になるモノに手を伸ばすことが容易になっていきます。

姿勢の発達の中でも座位の獲得は乳児の経験を大きく変えていくと考えられます。座位の姿勢を獲得すると、見まわすこと、モノを手で操作すること、周囲の人と社会的相互交渉を行うことが促進されます。首が据わると、腰や背中を支えられれば座位の姿勢がとれるようになりますが、一人で座れるようになるには首から腰までの脊椎全体をコントロールし、重心が大きく外れないように保つことが必要です。初期の独立した座位では手を前について姿勢を保つことが多いようです（Adolph & Berger, 2011; 図２－５）。より体幹が安定すれば両手が自由になり、膝を畳んだ座位も可能になります。四つ這いの姿勢から座位へ、座位から四つ這いへという姿勢の移行も活発に起こるようになります。

## 3　移動の始まり

### 寝返りから移動へ

運動発達はスイッチが入るように新しい動きがパッと現れるものではなく、同じゴールに至るのにもさまざまな道筋があるようです。移動という自分の体の位置を変える行為にも多様なやり方があります。ハイハイや歩行といった大きく自分のいる位置を変える移動の前にも、生後数カ月から小さな移動が見られるようになります。たとえば、仰向けで背中をぐっと反らせることで頭と足でずりずりと動いたり、うつ伏せの状態でモノに手を伸ばそうとすることで前に進んだりといった小さな範囲での体の動きです。そういった動きは、少しずつ「移動」といえるようなまとまった運動につながっていきます（図2-6）。

体の位置を大きく変えられるようになる初期の運動の一つとして、寝返りがあります。山本（二〇一六）は二名の乳児の家庭での観察から、寝返りが成立するまでのプロセスを検討しました。一名は、寝返りが始まった生後五カ月後半より前に、よく足を動かして床を蹴っていました。しかしその際には、床を蹴ることで見ている方向とは関係ない方向に体が持ち上がったりと、全身の動きと周囲の探索活動は必ずしも結びついていませんでした。寝返りは、床を蹴ることと、体を曲げて両足を上げる動きがうまく連動したときに成立しました。もう一名は体を曲げて足を上げ、横になってから頭をも

図 2-6　移動の始まり――頭と足で反りながら進む（生後４カ月），寝返りを繰り返す（生後７カ月），腹部を支点にして方向転換する（生後８カ月），モノに手を伸ばそうとして前進する（生後８カ月），腹部を床につけて這う（生後９カ月）

ち上げる動きに引き続いて寝返りが起こるようになりました。二名の寝返りへの道筋はそれぞれ異なったものでしたが、仰向けの姿勢での環境の探索活動、つまり周囲を見まわしたり、見ている方向へ体を動かそうとしたりする動きから、大きく姿勢を変える寝返りにつながっていたことには共通点がありました。

寝返りができるようになると、寝返りを繰り返し転がり回って移動する乳児もいます。うつ伏せでほふく前進のように進んだり、うつ伏せでお腹を支点に回転したり、座ってお尻で跳ねるように動いたり、移動の方法は多様です。自分の体をどのように動かすことができるのか探ることが「寝返り」や「ハイハイ」と名づけられるような運動スキルの出現につながってきます。

### ハイハイの発達

ハイハイが始まる頃には、乳児が両手を床について体を前後に揺らす、ロッキングという動きがよく見られます。四つ這いでお尻を振るような動きです。ロッキングはハイハイを始めるとほとんど見られなくなる行動で、ロッキン

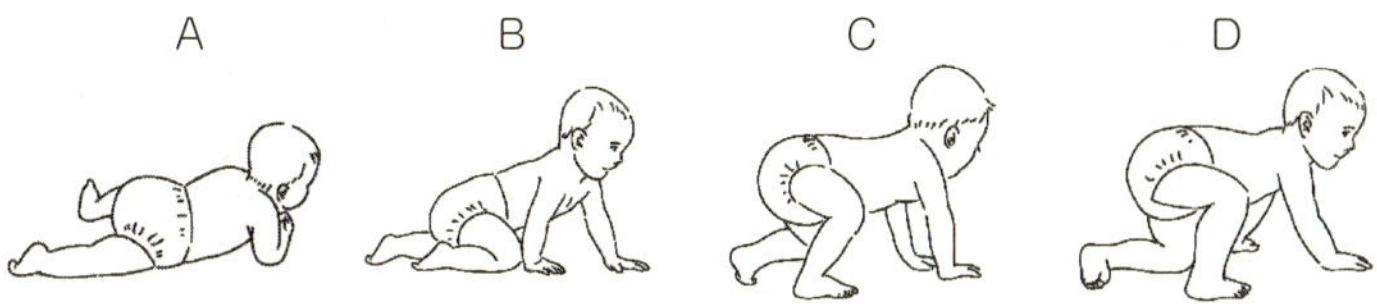


**図 2-7　ハイハイのさまざまな形態**

（出典）　Adolph & Berger（2011）より作成。

グからハイハイの動きに移行する一つの要因は手を前に伸ばすことと床を蹴る動きのタイミングがうまく合うことだとされます（Goldfield, 1989）。ロッキングでは両手を床につけて体重を支えているのですが、ハイハイをするためには片方の手を床から離す必要があります。興味深いことに、ゴールドフィールドによると、ハイハイが始まる頃には、モノをつかむリーチングを行う手が右か左かについて、それまでにはなかった選好が見られるようになりました。片方の手を優先して前に出すことと、その反対側の足でタイミングよく床を蹴ることが合わさるとハイハイの動きが現れるようです。

ハイハイにもずり這いや高這いといった言葉がありますが、手と足を使って移動するスタイルは、膝や腹部を床に接触させるかどうか、両手両足が交互に動くかどうかなどの動きのバリエーションが多いことが知られています（Adolph et al., 1998）。ずり這いと呼ばれるお腹をつけて進むスタイル（図２－７A）を、必ずしも全員の乳児が経るわけではなく、約半分の乳児は手と膝を使ったスタンダードなハイハイを最初から行っていました。これらの研究も、運動発達が「寝返り」や「ハイハイ」などの運動の「正しい」形態を身につけることではなく、自分の体の使い方を探索するうちに現れてくるものだということを示しています。

## 4　運動発達とその環境

### 家の中の段差

運動発達の過程には、個人の体のユニークさがかかわってくることをこれまで示してきました。運動が現れるときにもう一つ深くかかわってくる要素は体を取り囲む環境です。たとえば、うつ伏せでお腹を支点にして回転する動き（ピボットと呼ばれます）は、床面がツルツルのフローリングの方が、摩擦の高いカーペットよりもやりやすいことは想像できるでしょう。あまりにフカフカな布団の上では体が沈み込んでしまって寝返りすることは難しいかもしれません。運動発達のマイルストーンとして挙げられている寝返りやつかまり立ちといった運動の発達も、体の動きと環境の双方が関連して起こると考えられます。

山﨑（二〇一二）はつかまり立ちの発達を、動く体と環境の関係という観点から検討しています。家の中で起こったつかまり立ちのシーンを観察したところ、膝と手を床についた四つ足の状態から、手が何らかの高い位置にある面に接触し、足裏が床について、体を持ち上げていくことでつかまり立ちが起こっていました（図2－8）。つかまり立ちに利用された面は、窓枠やたんすの引き出しの縁、低い本棚、養育者の脚にかかったスカートなど、周囲にあるさまざまな対象でした。このときに、最初に手が触れる面を探索することがつかまり立ちという運動が生じるきっかけになっていると考えられます。ある程度の高さがある、手を置いたり握ったりすることで十分に体重を支えられるような面と出会うことで、体全体を上に押し上げる、つかまり立ちが起こりました。

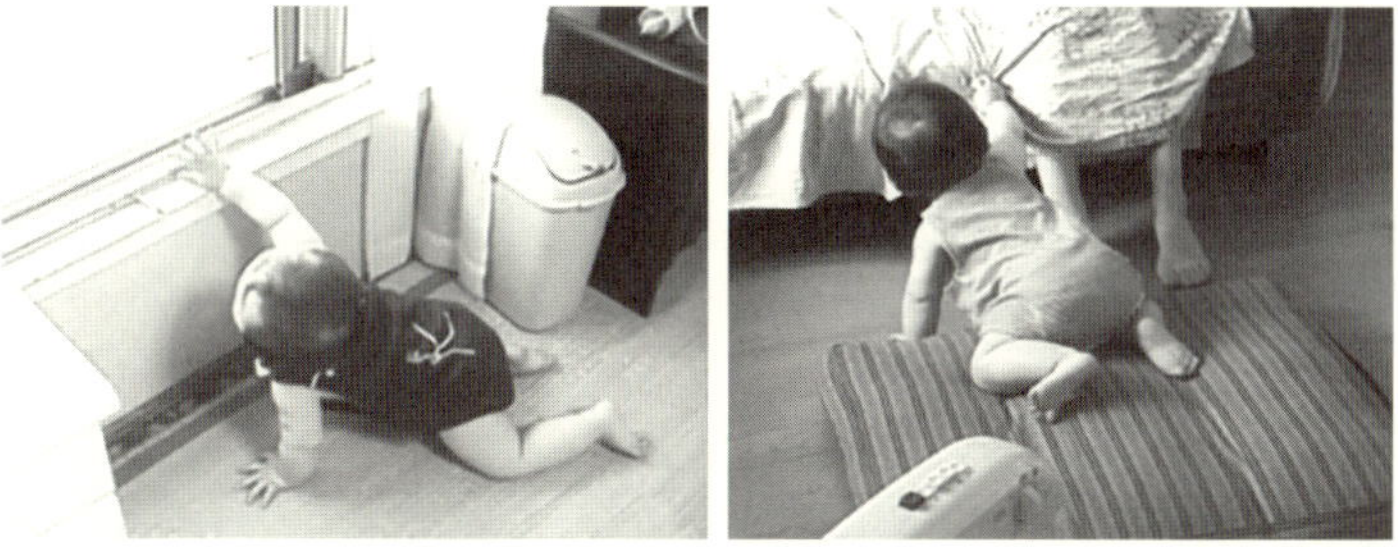

**図 2-8　手が高い所に接触する**

（出典）　山﨑（2011）より許諾を得て転載。

家の中の環境を運動発達の観点で検討した研究として、佐々木（二〇一一）の段差に焦点を当てた研究があります。この研究では、ベビー布団と床の縁、敷居の小さな段差、洗面所の段差、ベッド、ソファ、子ども用の椅子、階段などの、高さの異なる段差が生後五～二五カ月の子どもにどのような行為をもたらすのかを検討しました（図2−9）。その結果、ごく低い段差であるベビー布団の縁では、そこをずり落ちるように寝返りやリーチングが起こっていました。より高い段差であるベッドでは生後八カ月頃から制御しつつ何度も落下を試し、よじ登る、降りる、降り方のバリエーションを探索するといった行為が見られました。大人にとって腰掛けるのにちょうどよい高さのソファや、立ち上がりやすい高さのベッドといった段差に、体の小さな乳児が出会ったとき、乳児は自分の体との関係の中で新たな動きの可能性を発見するといえます。このように、生き物が環境中に見出す意味や価値のことはアフォーダンス（Gibson, 1979/1986）と呼ばれています。運動の発達は、自分の体で何ができるのか、この高さは降りられるのか、この上は歩けるのかなどを探る、アフォーダンス知覚の学習過程としても捉えることができます（Gibson & Pick, 2003）。

家の中のある程度の高さのある面は、つたい歩きにも利用されま

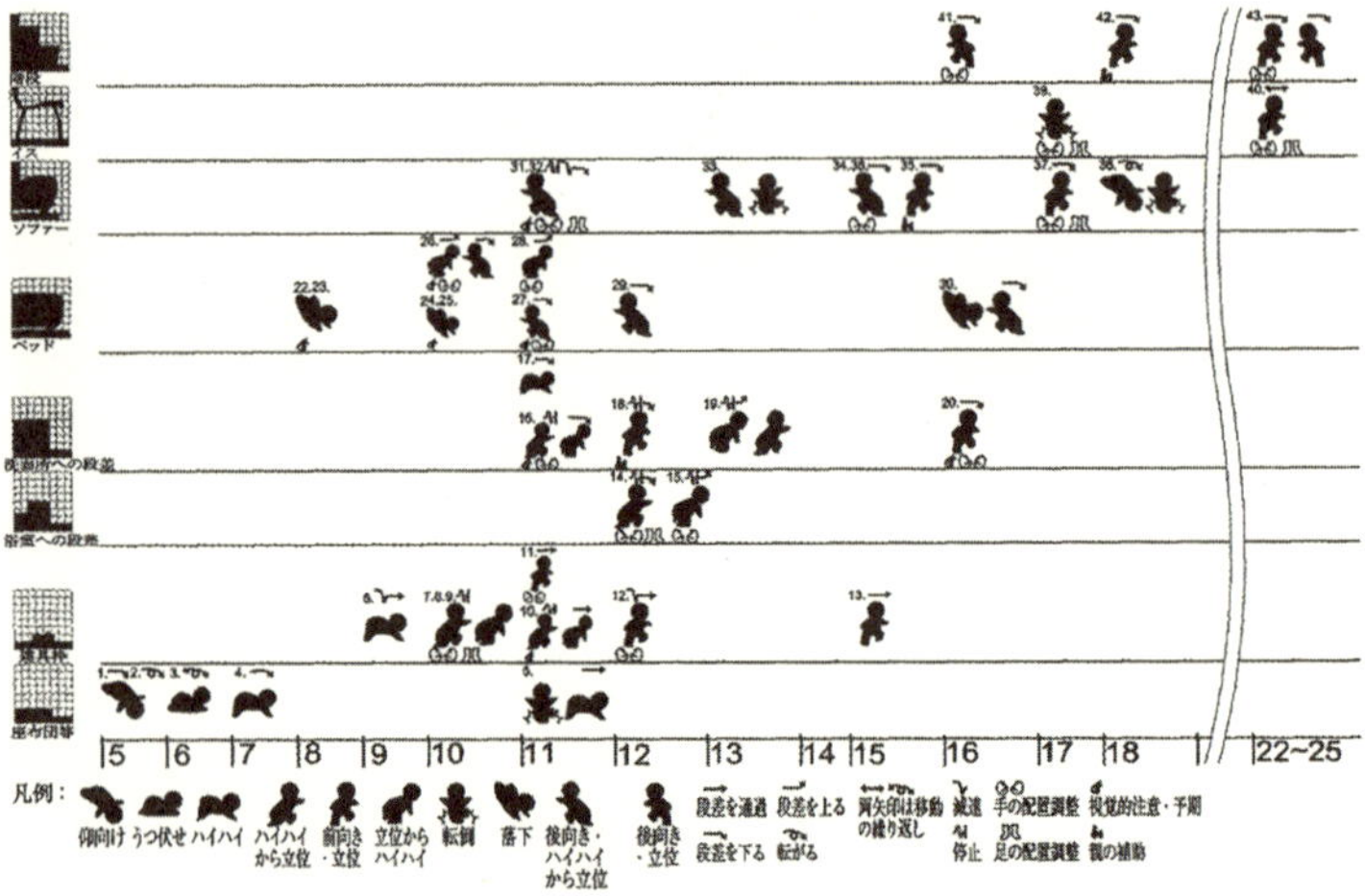


図 2-9　段差別に見た行為の発達

（出典）　佐々木（2011）より許諾を得て転載。

す。ハイハイと同じようにつたい歩きをしない子どももいますが、多くの子どもはハイハイの少し後につたい歩きを始め、数カ月間両方の運動が併存しているようです（Adolph et al., 2011）。図2－10は、ハイハイとつたい歩きで移動している頃（A）と、つたい歩きからちょうど歩き始めた頃（B）の乳児の移動を追尾して軌跡を示したものです。上下どちらの図でも、つたい歩きはハイハイや歩行といった他の運動形態と同じ時期に見られています。つたい歩きはソファやテーブル、子ども用の椅子などの周辺で起こっています。つたい歩きは歩行と同じ立位での移動ですが、手で家具などにつかまって姿勢を保持しているため、移動できる範囲は家具の形状やサイズ、配置に制約されます。

つたい歩きは、同じロコモーションであるハイハイや歩行と比べると比較的研究が少ない運動です。一九三〇年前後の研究で運動発達のマイルストーンに含まれなかったため、その後もあまり研

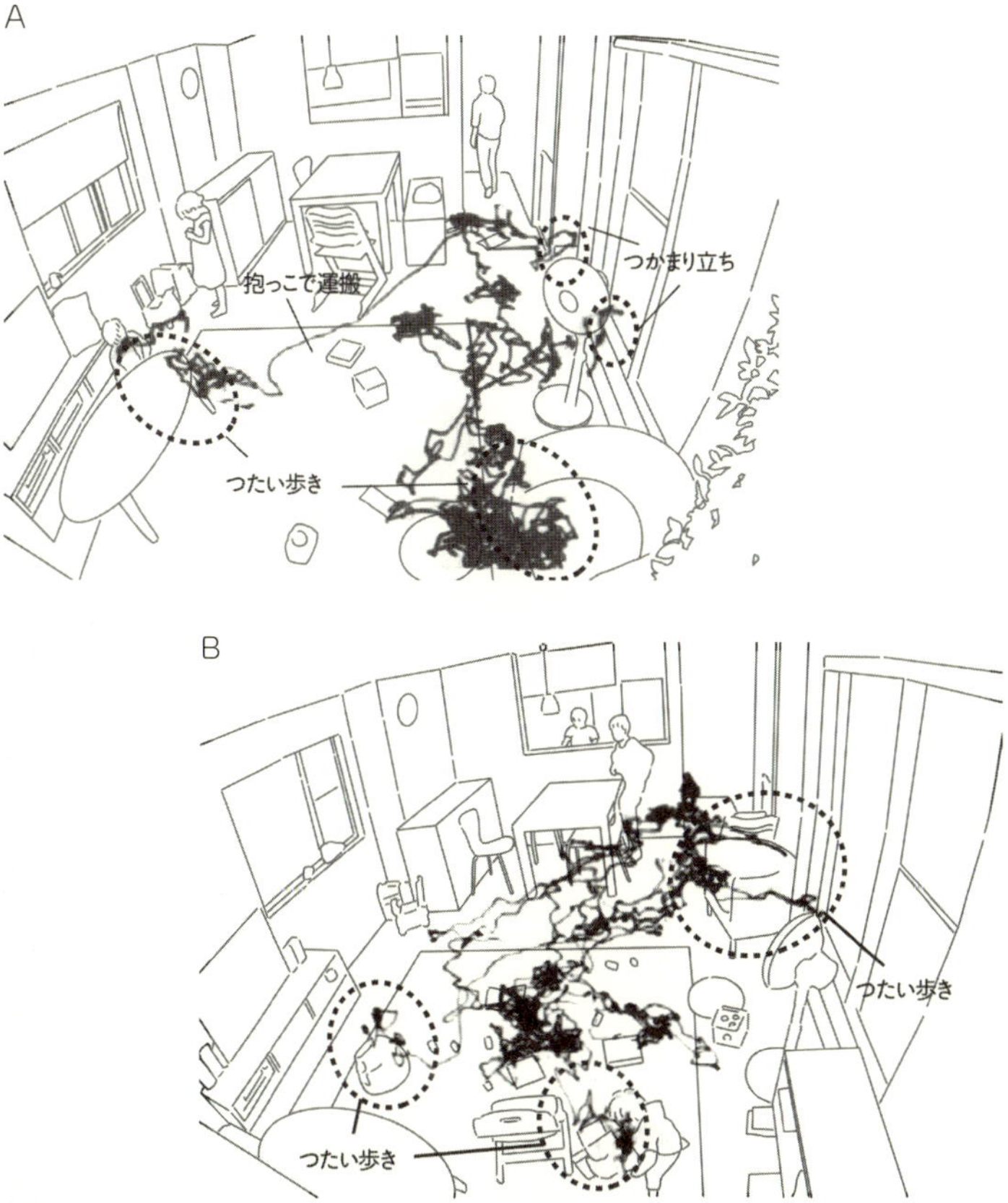


図 2-10　約 15 分間の移動の軌跡 ── A：生後 10 カ月，ハイハイとつたい歩き, B：生後 13 カ月，つたい歩きと歩行

## コラム２－２　運動の熟達と柔軟性

テーレン他のリーチングの研究でも示されているように、ある運動スキルに熟達することには、動きがスムーズで一貫していて、正確になる面が含まれます。一方で、たとえば熟練の鍛冶職人が寸分の狂いもなく一箇所にハンマーを振り下ろすといった出来事でのハンマーの軌跡を見てみると、一回ごとの軌跡は異なる曲線を描きます。これは身体の高い自由度の制御と関連します。ベルンシュタイン（Bernstein, 1967）は運動の熟達に、身体の自由度の制御がかかわってくることに着目しました。その考え方に基づいた近年の研究も、スポーツや楽器演奏（図コラム２－２－１）における熟達者と初心者を比べた検討を行っています。たとえば、チェロのボーイング（弓を動かすこと）の熟達者と初心者を比べると、腕の自由度の制御が大きく異なり、初心者の方が手首と肘の動きが少なく、自由度を小さくしようとしているという特徴がありました（Verrel et al., 2013）。

熟達者は自由度を解放し、柔軟に動きのバリエーションを生み出します。楽器演奏の例でいえば、楽器や弓の張り方が変わっても、姿勢や気温などが違っても、熟達者は安定した演奏が可能です。このことから、運動のばらつき自体が適応的な機能をもっていることがわかります。乳児のはじめてのリーチングや歩行が、未熟でおぼつかない「へたくそ」な動きなのかというとそうではなく、柔軟に、適応的に振る舞うことができる可能性を秘めています。歩いたり走ったりする際に、靴の違いや路面の滑りやすさ、急に現れた障害物などに対して適切に振る舞うためには、練習を積み、ぎゅっと力を入れて硬くなっていた身体の自由度を解放し、柔軟性を身につけることが大事です。

図コラム 2-2-1　バイオリンを弾く幼児

究の俎上に上らなかったようです。歩行のたんなる前段階と見なされたからなのか、家具などにつかまる必要があるので独立したスキルと考えられなかったのか、あるいはモノの少ない実験環境では現れにくかったのか、実際の理由は定かではありません。ハイハイ、つたい歩き、歩行の連続性と違いについて検討した研究では、つたい歩きは歩行と同じ立位の移動である一方で、手を移動に使うという点ではむしろハイハイと類似していることを指摘しています（Adolph et al., 2011）。この研究では、つたい歩きをしている乳児と歩行の乳児に床に大きめの隙間がある通路を歩かせる実験を行っています。手すりにつかまって移動しているつたい歩きの乳児は足元の穴に気がつかず足をとられますが、歩行の乳児は穴の前で止まることができました。同じ立位の移動であっても、地面が立位での移動のアフォーダンスをもっているかどうかの知覚は、つたい歩きと歩行では異なるようです。こうしたことから、つたい歩きはハイハイやつかまり立ちの延長にある運動で、手を使わずに歩く独立歩行は同じ立位であっても、つかまり立ちとは異なる経験をもたらすと考えられます。

家具のレイアウトと歩行発達の関係を検討するために、西尾他（二〇一八）は何かに手を接触して姿勢を保持した状態から、手を離して歩き出す過程を調べました（図2-11）。手を離して足を前に進めるか、横に出すかは、そのときに家具などにつかまっているかどうかに影響されていました。体の正面にあるモノにつかまっているときには、歩き出すのに方向転換を伴います。座った状態から立ち上がって歩くときには、頻繁にモノを持ち上げて歩き出すなど、歩き出す際には複雑な行為が一度に進行していました。つかまり立ちと同じように、周辺の環境とかかわり合いながら姿勢が変化し、歩き出すという運動につながっているといえます。

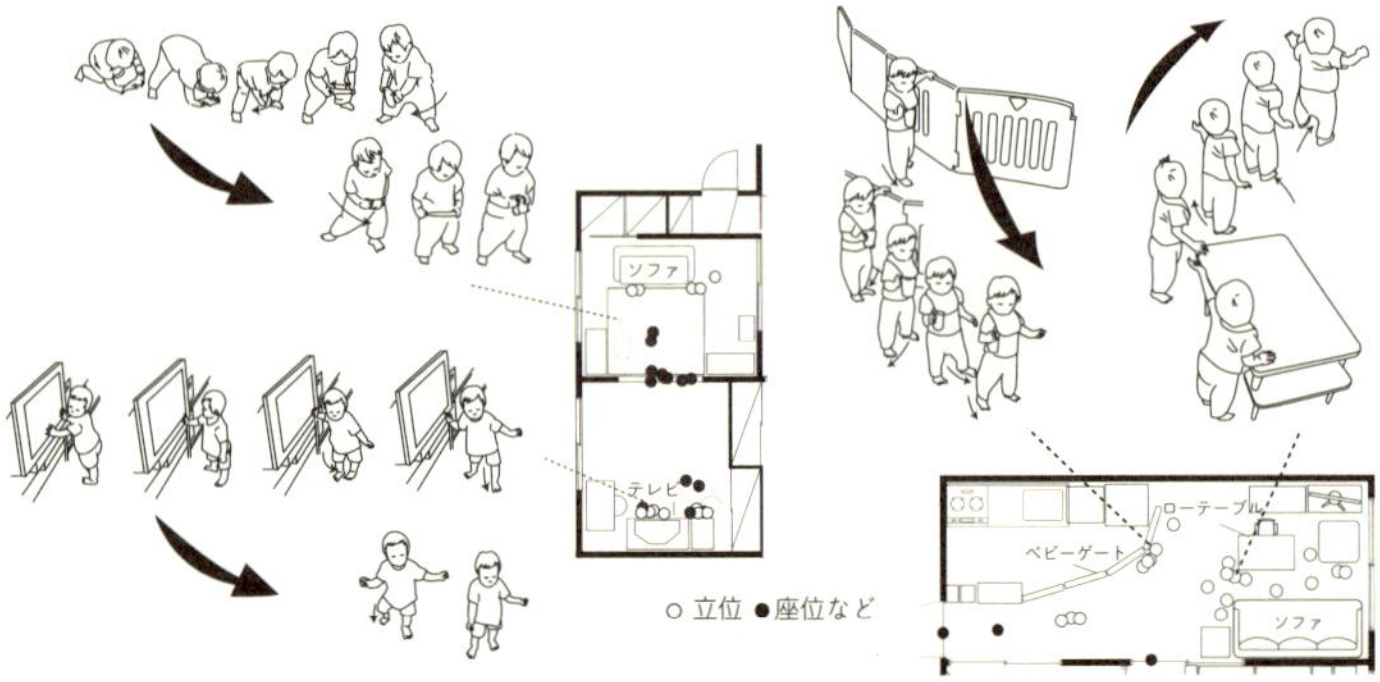


**図 2-11　乳児がリビングで歩き出した箇所 ── そのときの姿勢，歩き出す過程**

（出典）　西尾他（2018）より作成。

## 周囲の環境に見出す意味

新たな運動が現れる際の、日常の環境について検討した研究を紹介してきました。動くことは環境中の意味を探すこと、どのようなことができるのかというアフォーダンスを探すことであるともいえます。西尾他（二〇一八）の研究では歩き出す過程を調べていますが、歩き出した後の乳児が環境中に発見する意味は大きく広がっていきます。西尾他（二〇一五）は、乳児が歩き出す前に留まっていた場所とそのときの姿勢を調べています。その結果、テレビ、ベビーゲート、テーブル、ソファの周りでは頻繁に立位で留まっていたことがわかりました。ゲートの前では養育者が作業をするのを眺めたり、テーブルやソファにつかまって周囲やテレビを見る様子が見られました。床では座って、おもちゃや絵本を触っていました。立位でいた場所と座位でいた場所にはそれぞれ異なる機能があると考えられます。それらを歩いて移動するようになることは、場所間の新たな関係性をつくり出すことを意味します。次の章では、歩行発達を中心に、行動の変化と発達カスケードについて検討します。

第3章

# 歩行発達と行動の変化

西尾千尋

もしよちよち歩きの乳児が歩いている様子を見ることがあれば、少しその様子を観察してみてください。ようやく靴を履いて歩くのに慣れてきた乳児が公園を歩いているのを見ると、トコトコと数歩歩いて急にしゃがみ、足元の草をつかみました。またふと立ち上がって、数歩歩きまた急に下を向いて葉っぱを拾いました。養育者に近づいて見せながら「あっぱ」と話しかけています。養育者は「葉っぱね。お姉ちゃんに見せようか」と応答しました。今度は滑り台で遊んでいるきょうだいの近くに行って見上げ、方向転換して数歩歩いてしゃがみ、手で地面の砂を触っています。養育者はきょうだいの様子を見つつ、あちこちうろうろと歩く乳児が遠くに行かないように見守っています。

第2章の冒頭でせんべいを器用に食べていた友人の子どもは、お座りができて絵本にも興味を示すようになり、児童館にはじめて遊びに行ったそうです。たまたまその日は少しだけその子よりも年長のよちよち歩きの子たちが多く、その子たちはあちらこちらで歩き、せっせと部屋を探索し、それを養育者たちが追いかけ、そのパワーに圧倒されて帰ってきたようでした。友人は、自分の子どもとおそらく数カ月しか違わないだろうにずいぶん様子が違っていたと驚いていました。自力で移動できることは出会う世界を大きく広げます。そして、高い視点で、両手が自由な状態で移動できる歩行を獲得することは、乳児の学習の機会を増やすことにつながります。この章では歩行発達に関して、それがもたらすメリットや行動の変化について検討します。

# 1　ハイハイと歩行の違い

### 歩行への移行の理由

ニューヨーク大学で乳児の運動発達研究を二五年にわたって行ってきたアドルフは、長年一つの問いに取り組んできました。それは、乳児はハイハイでも十分に速く安定して移動することができるのに、なぜわざわざ転倒のリスクをとってまで二足での歩行に移行するのかという問いです。博士時代のアドルフは運動と知覚の発達研究を、前章で紹介したアフォーダンス知覚の発達について研究を行ったギブソンや、システム論的アプローチで運動発達を研究したテーレンのもとで行っていました。アドルフは、傾斜の角度が変えられる斜面や、移動を阻む大きな段差がある通路で乳児を移動させる実験を行い、二つの移動形態を比較するうちにある結論に至りました。それは、ハイハイと歩行では知覚されるアフォーダンスが異なっているということです。ハイハイでも歩行でも移動の経験を積むと、自分が安全に降りられる斜面の角度や段差の判断は正確になります。しかし、十分にハイハイでの移動に熟達した乳児が、歩き出して間もない頃には、急すぎる坂や大きな段差に突っ込んでいってしまうのです。ある環境において自分の体で何ができるのかは、姿勢が変わると変化してしまいます。

**図 3-1　ハイハイと歩行の乳児の視界の違い**

（出典）　Kretch et al.（2014）より作成。

そのため、歩行での環境とのかかわり方はあらためて学習する必要があるようでした。これらのことは、ハイハイと歩行の違いの検討につながっていきました。

### 歩行のメリット

ハイハイと比較したときの歩行の特徴やメリットはいくつか挙げられます。一点目は視界の違いです（図３－１）。クレッチ他（Kretch et al., 2014）はヘッドマウンテッドカメラをハイハイと歩行の乳児に装着し、移動中の乳児の視界を調べました。その結果、ハイハイで移動中の乳児では、視界を大きく床面が占めているのに対し、歩行での乳児は進行方向の正面が広く見えています。この研究では乳児を通路で移動させており、ゴール側では養育者が乳児を呼んでいました。歩行では養育者の顔が見えるのに対し、ハイハイでは移動中に養育者を見ることはできません。ハイハイの乳児が周囲を見まわすには、いったん移動を停止して、座る必要があります（Soska et al., 2015）。周囲の様子を見るためにいったん座り、再度四つ這いの姿勢に戻ることはコストが大きいと考えられます。周りを見ながら移動できることは、周りにいる人とのコミュニケーションにおいても、環境の探索の点から考えてもハイハイに比べてメリットがあると言えます。

視界の違いは、移動の性質の違いにも影響を与えます。歩行の場合に比べて、ハイハイで移動する乳児は、移動開始前に見定めた対象に向かって移動することが多いことがわかりました（Hoch et al., 2020）。歩行の場合にはとくに目指して歩く対象がなくてもぶらぶらと歩き、途中で興味のあるモノを視界に捉えてそちらに向かっていくことが、ハイハイよりも多いようです。これに対し、ハイハイでは移動中に周囲をよく見ることが難しいため、移動開始前に見定めた対象に向かっていくと考えられます。歩行で移動することは周囲の探索をより容易にすることがわかります。

歩行のメリットの二点目はより多く移動できることです。アドルフ他はプレイルームで自由に遊ぶ、同じ月齢のハイハイと歩行の乳児の観察を行いました。その結果、歩行を始めたばかりの乳児でも熟達したハイハイの乳児よりも長い距離を移動し、転倒の頻度に差はありませんでした（Adolph et al., 2012）。また、数カ月の間に歩行の安定性は増し、転倒は減り、歩数は増えていくこともわかりました。したがって、たしかに転倒はするがハイハイと比較して多いわけではなく、より移動しやすい形態である歩行ができるのであればしない理由はないと言えます。

三点目はモノの運搬のしやすさです。一歳前後の乳児を観察した研究では、起きている時間の半分から六〇％程度の時間、乳児は何らかのモノに接触していました（Herzberg et al., 2022; Karasik et al., 2011; Toyama, 2020）。モノとかかわることは乳児の主要な活動の一つですが、ハイハイの乳児は自分の周囲にあるモノを触るのに対し、歩行の乳児は離れた場所にあるモノを触りにいくことができます（Dosso & Boudreau, 2014）。また、モノの運搬の頻度も大きく異なります（Karasik et al., 2011, 2014）。ハイハイでも口にくわえたり手で引きずったりしてモノを運ぶことはできますが、歩行の方が大幅に頻繁に運搬します。

モノを養育者に運んでいったときの養育者の対応も、ハイハイをしている乳児と歩行の乳児では異なることが示されています（Karasik et al., 2014）。乳児がモノを運んでいったときの養育者の反応を、頷くなどの肯定、そのモノへの言及、「どこそこに置いて、あっちに持っていって」などの新たな行為の指示、などに分類して検討したところ、歩行の乳児に対しては新たな行為の指示が多いことがわかりました。ハイハイでモノを持ってきた乳児にどこかにモノを持っていくように声をかけることはあまり観察されませんでした。モノを持って歩くようになったことで、周りの人からかけられる言葉も変わるようです。このように、周囲を見まわしながら歩き気になったモノを手にとることは、それを誰かに渡すことを可能にし、社会関係の変化にも影響します。さらにその際にこれまではかけられなかった言葉を耳にすることで、言語に関する学習の機会も増加していくと考えられます。

## 2　運動としての歩行発達

### 歩行の運動学的特徴

アドルフ他（Adolph et al., 2012）によると歩き始めた頃の乳児でも一時間に二四〇〇歩近く歩くそうです。起きて活動している時間を六時間とすると、一日に約一万四〇〇〇歩もの歩数を歩いている換算になります。それだけの「練習」を積むことにより、よちよち歩きだった乳児の歩行は歩き出してから五、六カ月の間に急速に大人の様子に近いしっかりとした足どりに変化します。

歩行の運動はリズミカルで安定した協調運動です。協調とは、複数の要素がかかわり合いながら共同して作用することです。たとえば、靴紐を結ぶというような動作でも、左右の手が同時に異なる動きをしながら協調しています。歩行は二脚が前後に交互の動きを繰り返し、片脚が地面に接触してい

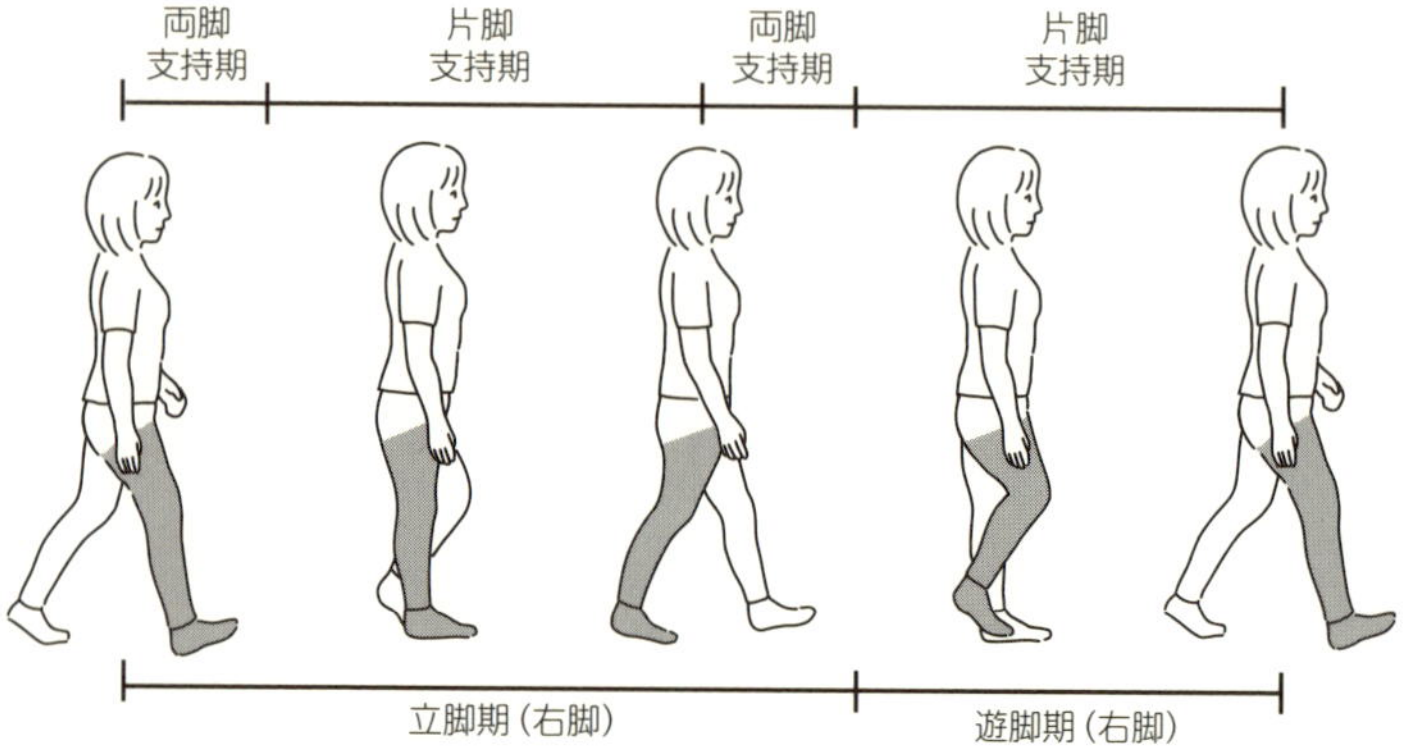


**図 3-2　歩行の周期**

るときと、両脚が接触しているときを含みます（図３－２）。片脚が接触している間に、浮いている脚、遊脚はもう一方の脚を追い越して前に出ます。そのときの重心の移動は、地面に接地した足を支点とした逆さ振り子として表現することができます（図３－３）。この力学的な特徴により、歩行はエネルギー効率が高く、長時間歩くことができると考えられています。

歩行の動作は、安定してリズミカルに繰り返されますが、それは単純で規則的な運動パターンとは異なる、さまざまな身体部位と環境の複雑な相互作用を含みます。股関節、膝関節、足首の関節で構成される体幹と下肢が協調して、一歩ごとに重心は上下、左右に動きます。ヒトの二足歩行だけでなく、歩行や走行といった運動の規則的なリズムの生成には、脊椎にあってリズムを生み出すＣＰＧ（Central Pattern Generator）と呼ばれる機能が作用しています（Forssberg, 1985）。外科的に脊椎と脳を切り離した動物でも、トレッドミルに乗せると脊椎で生成されるパターンによって歩いたり走ったりするような運動を示すことが知られています。しかし、たんにＣＰＧで生み出された動作では、

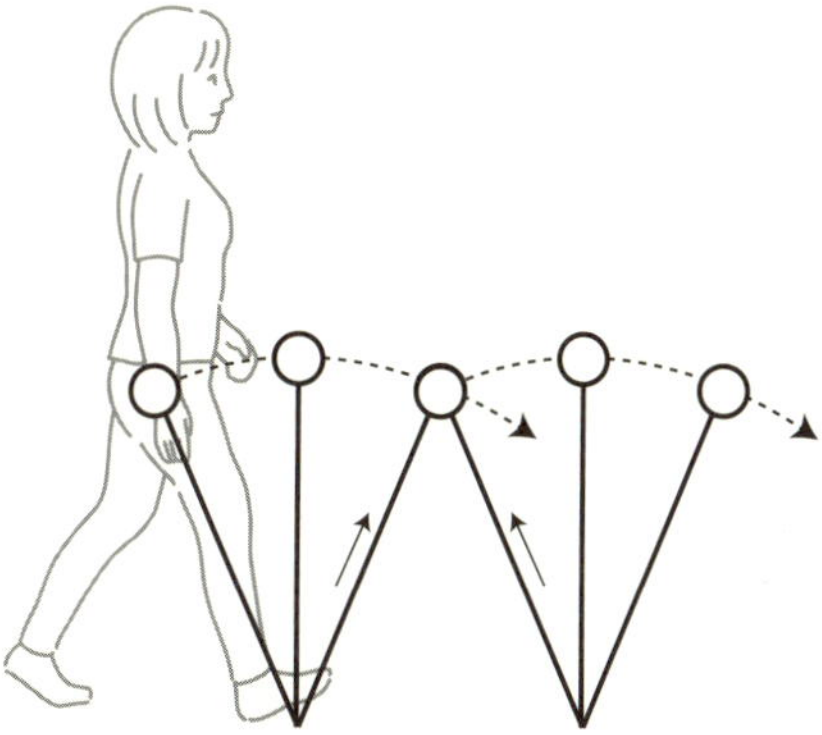

図3-3　足を支点とした逆さ振り子状の運動

障害物を避けたり、どこかに向かったり、身体全体のバランスの変化に応じて調整することはできません。歩行は身体のバランスをとりながら環境の変化にも対応しつつ進む、柔軟性をもった行為なのです。

**乳児の歩き方**

歩き始めの「よちよち歩き」の乳児の歩行は、運動学的に見ると成人と異なっています。特徴的な点は、左右の足の幅（歩隔）が前後の足の間隔（歩幅）よりも広く（図3－4）、成人には起こる足が地面に接触する際の減速が見られません。つまり、歩き始めの乳児は左右に落下するように歩きます。成人の歩き方では遊脚期に膝から下がスイングしますが、歩き始めの乳児は膝関節がロックされていて、歩くときに膝から下のスイングが見られません。上半身を見ると、肘が曲がって体の近くに引きつけられ、手を握っていることも多いです（図3－5A）。この姿勢はハイガードと呼ばれます。

乳児が最初に歩き出した際に、全体的に身体にギュッと力が入っていて関節を固めているのはなぜでしょうか。こ

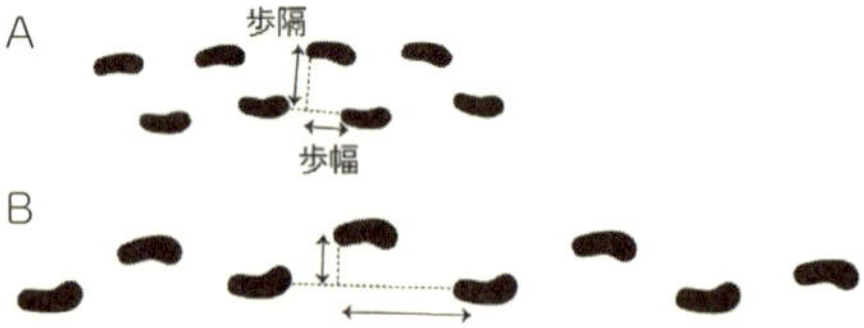


**図 3-4　乳児の歩行の歩幅と歩隔（両足幅）──A：歩行開始直後の乳児，B：歩行に熟達した乳児**

（出典）　西尾（2019）より一部改変して転載。

れは、体の自由度を減らすことで制御を容易にするためだと考えられます。人の体には二〇〇を超える関節があり、手首などの回転する関節も含まれることから、動きの幅、自由度は膨大です。スポーツでも楽器でも、初心者は力が入りがちになりますが、体の動かし方がわからないうちは、関節の動きをできるだけ小さくしようとする戦略がとられがちになります。二足歩行では底面積の小さな二つの足で交互にバランスをとる必要があります。また、乳児の身体のバランスは成人よりも頭部が大きく、姿勢の制御は容易ではないでしょう。歩こうとする際に乳児が直面する課題は、手を離して推進力を産み出しながら、重力に対して垂直に姿勢を保つことです。この課題に対する戦略が、身体の自由度を減らすことや、なるべく両足を幅広く開き、姿勢を保ちやすくすることだといえます。

このように、乳児が手を使わずに立って前に進む、という課題に取り組んだ形態であるよちよち歩きですが、歩行開始から五、六カ月で成人に似た歩き方になっていきます（図３-５Ｂ）。その頃には膝から下のスイングが見られるようになり、逆さ振り子状の重心移動に近くなります。よちよち歩きが見られるのは歩き始めてから半年程度の、思いのほか短い期間だけです。

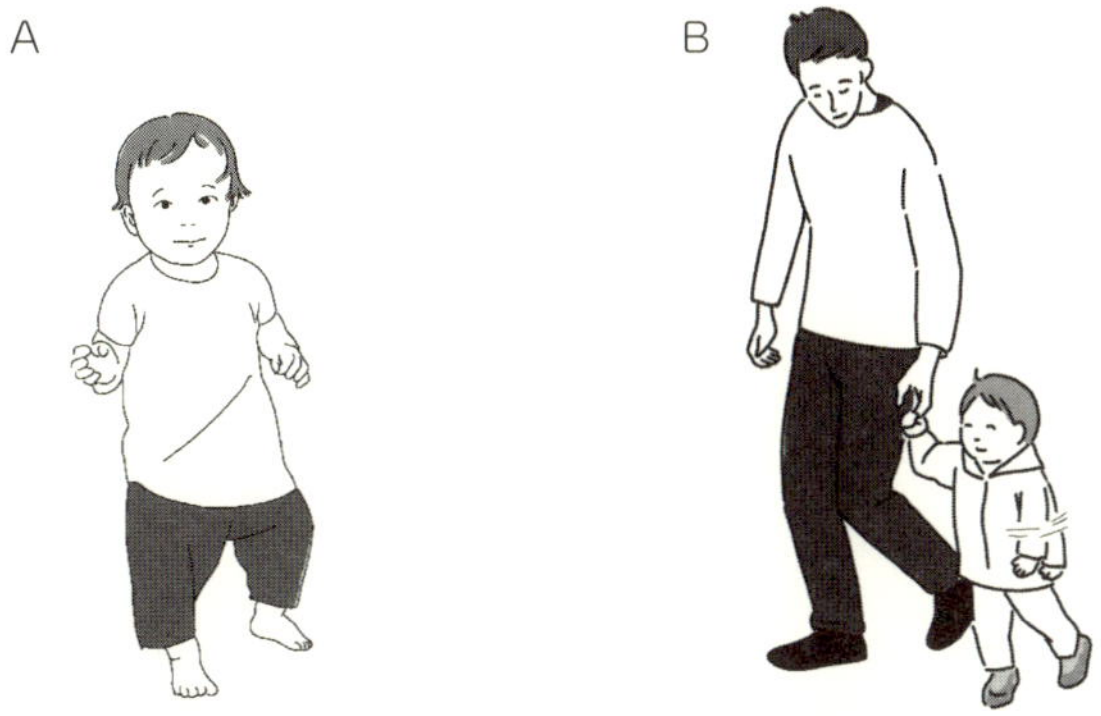


**図 3-5　よちよち歩きからスタスタ歩きへ──A：よちよち歩き，B：歩幅が広がり腕も膝下もスイングするようになった 7 カ月後**

# 3　歩行のサイズと探索的性質

歩き出すと、とにかくたくさん歩き、運動としての安定性も増していく歩行ですが、歩き始めて停止するまでを一回の歩行とすると、乳児の一回の歩行は一～三歩程度と非常に短いものが約半数を占めていました（Adolph et al., 2012; Cole et al., 2016）。その理由は、歩き始めでバランスの保持に問題があるからではないようです。成人の歩行でも通常の生活において最も頻繁に起こる一回の歩行の歩数は四歩でした（Orendurff et al., 2008）。通勤や通学の際は駅までなるべく止まらずに急いで歩こうとするため、一回の歩行の歩数は多くなると思われますが、生活の中で仕事や家事、買い物などの日常行為を行うには非常に短い歩行が頻繁に開始・終了します。これは、日常の環境がそこで行われる仕事や調理などのタスクに応じて構造化されているからで、頻繁に行う作業、たとえばコピーをするのに一〇〇歩も二〇〇歩も歩かなくてはならない職場はあまりないだろうということを意味しています。

乳児は成人のように仕事をしているわけではないので、また少し異なる理由で短い歩行になっていると考えられます。理由の一つは探索的な性質が強いということです。乳児が歩行を停止したときに、その周辺に目的となるような対象（おもちゃや養育者など）があるかどうかを調べた研究があります（Cole et al., 2016）。その結果、乳児の歩行は、おもちゃなどのモノや養育者などの人といった明確な目的地にたどり着くことなく終わるものの方が多いことがわかりました。前述したように、ハイハイで移動する際には、動き出す前にモノを見定めて移動していく傾向が強いようですが、歩行はそうではなく、何か遠くのモノを目がけて起こるゴール特定的なものではないようです。そのため、周囲の状況によって、よく見たいモノがあったり、誰かの声や物音がしたり、といったことで、あるいは明確なきっかけはなくても、ごく短い歩数で歩行を停止し、また動き出す、というのが乳児の歩行の特徴であると言えます。

歩き出すとゴールに向かってまっすぐ歩くというよりは、ぶらぶらとすることが多くなることについては前節でも触れました。乳児の自然な環境での歩行について検討した研究は、歩行の軌跡が曲がりくねっていて、探索的な性質が強いことを示しています（Adolph et al., 2012）。ホック他（Hoch et al., 2020）はプレイルームで生後一五カ月の乳児が歩く様子を観察しました。その際に二つの条件を設けています。できるだけ何もない状態にした空の部屋と、その部屋におもちゃを五個配置した条件です。目的地やモノがあることが移動を促進するのであれば、おもちゃがある部屋の方が乳児はたくさん歩くはずです。その結果、おもちゃが配置されていることは探索パターンに変化をもたらしましたが、おもちゃがあるかどうかで歩く距離に違いはありませんでした。この結果から、歩くために歩いていること、つまり歩いて移動することそれ自体が動機で、歩くことを乳児は楽しんでいると言えます。

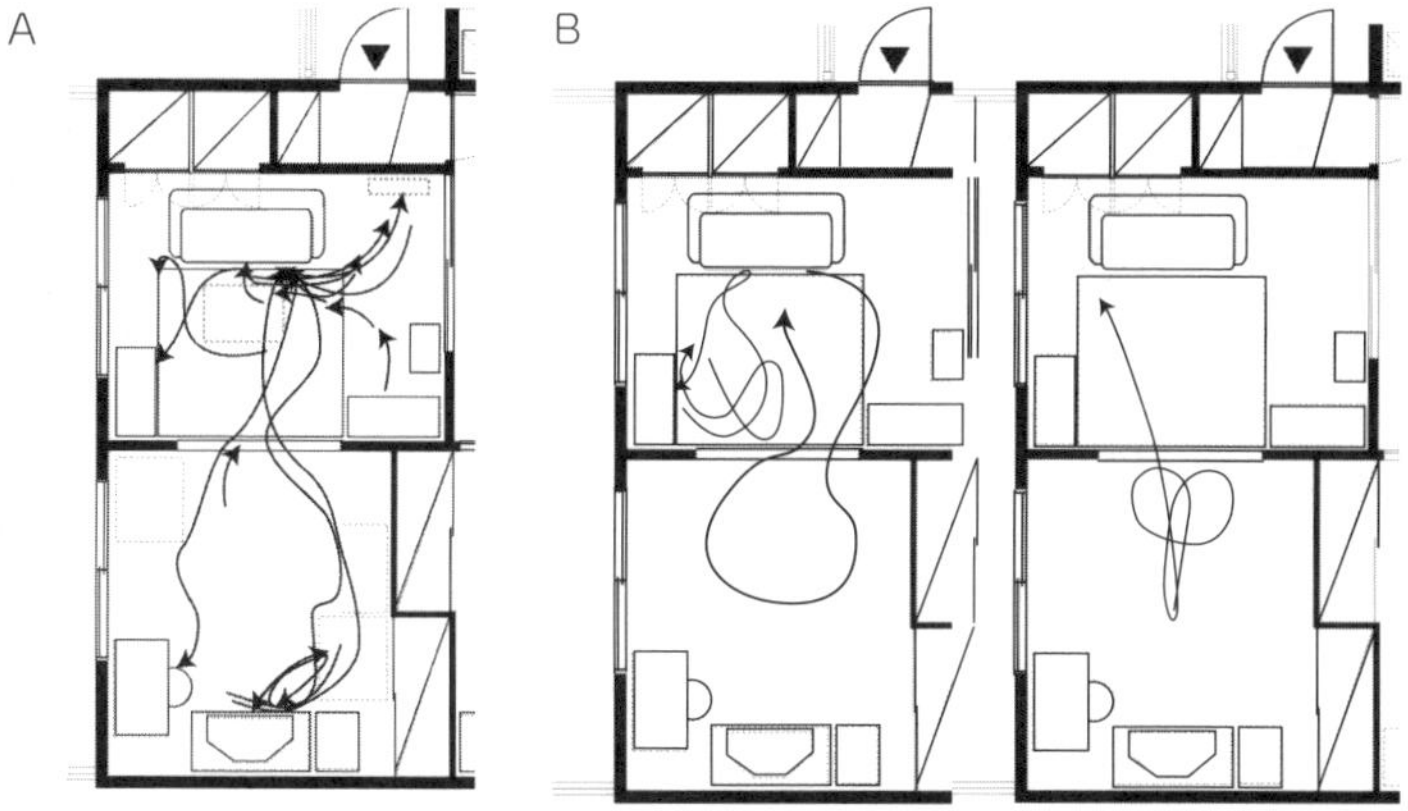


**図 3-6　A：歩き始めの乳児の歩行経路，B：歩行開始から 6 週間後，方向転換を含む比較的長い歩行**

（出典）　西尾他（2015）より作成。

ただし、歩き始めた乳児が壁に跳ね返るボールのように歩いているというわけではなく、その中にはよく行く場所を結ぶ経路もあります。より探索的になるかどうかははじめての環境かどうかにも影響されるでしょう。西尾他（二〇一五）の研究では、歩き始めから三カ月の乳児が自宅でどのような経路で歩いているのかを調べました。その結果、長く歩けるようになってもごく短い数歩の歩行は見られ、家の中のよくいる場所を結んで歩いていることがわかりました（図3-6A）。同時に、音が鳴るおもちゃの周りをぐるぐると回って楽しんだり、モノを持って養育者の後を追いかけたり、モノや人とのかかわりの自由度も高まっていく様子が見られました（図3-6B）。

## コラム3-1　ビジュアルクリフと坂道

アドルフの研究室では、ハイハイと歩行の発達研究のために、高さを変えられる段差を備えた通路や、段階的に角度を変更できる坂道などの独自の装置を作成しています。彼らの問いは、経験によって段差や坂道が移動可能かどうかの知覚が発達するか、そしてハイハイで学習したことが歩行を始めたときに転移するのか、というものです（図コラム3-1-1A、B）。その結果、移動の経験を積むことで移動可能かどうかの知覚判断は正確になるものの、身体と環境の関係はハイハイと歩行で異なるため、歩き出したときには再度学習が必要でした。

このテーマはアドルフの先生にあたるエレノア・ギブソンから引き継がれたものです。一九六〇年代には発達研究の中で、知覚は生得的か学習が必要かについて活発に議論されました。ギブソンは奥行き知覚の発達に

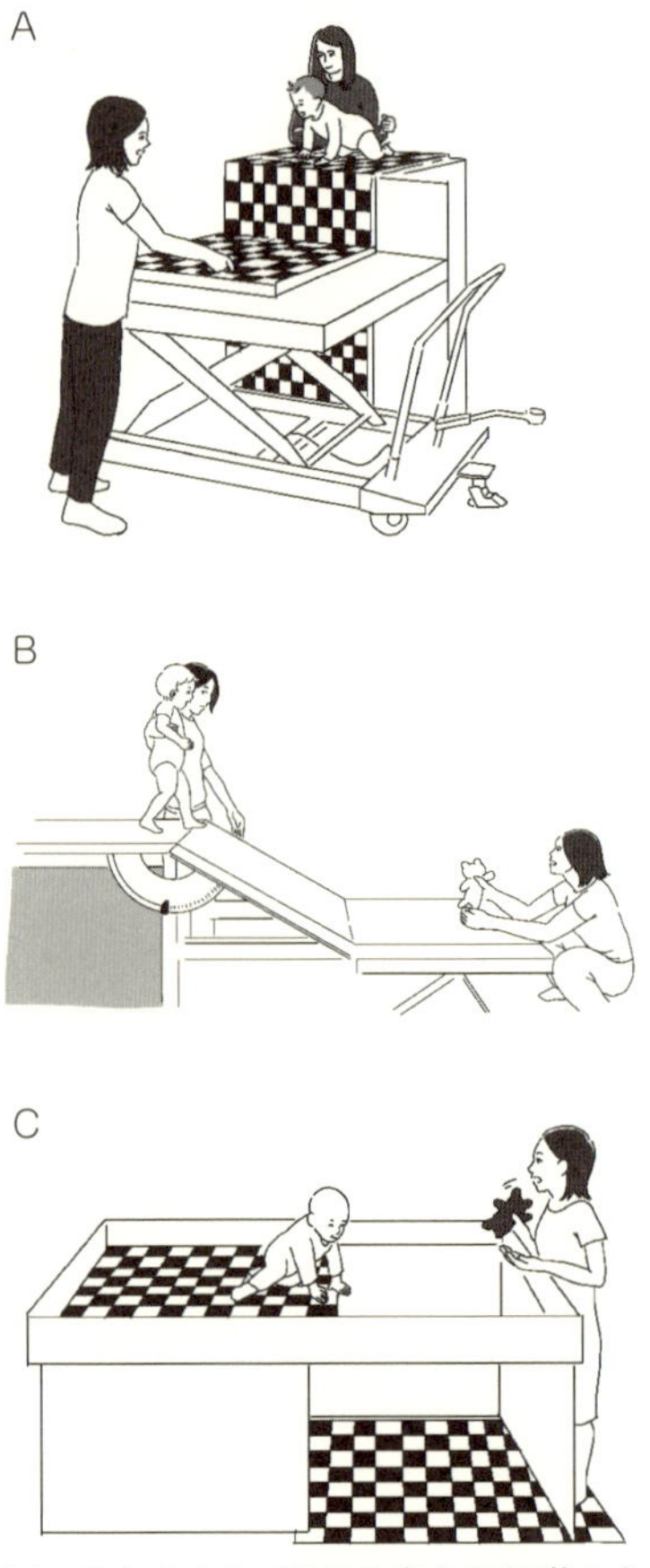


図コラム3-1-1　段差の高さや坂道の角度を変えられる装置

ついて検討するために、ビジュアルクリフ（視覚的な崖）と呼ばれる装置を作成しました。展望台などで足元が透けている箇所がありますが、それに似た物で、台の半分がチェック模様の板、半分がガラスでできたビジュアルクリフになっています。養育者がガラス側で呼びかけたときに、板側に載せられた乳児がガラス側に行くかどうかを検証する装置です（図コラム3－1－1C）。その結果、移動経験と崖側の回避の関係は、一貫した結果が得られませんでした。実際、ガラスは反射もしますし、手で触れば落ちないこともわかります。それを踏まえてアドルフは実際に落ちないビジュアルクリフよりも、段差や坂道を使った方がよいと考えました。段差や坂道を使った結果、乳児は行くか行かないかの二択で判断するのではなく、段差で一度止まって手を差し出したり、急な坂道では後ろ向きに姿勢を変えて慎重に降りることなどがわかりました。これらのことが乳児の運動の柔軟性の検討につながっていきました。

## 4　歩行発達とモノとのかかわり

### 発達研究におけるモノ

ここまでに、歩き出すと歩行は運動として急速に安定したものになること、周囲をより探索的に移動することができ、モノの運搬も頻繁になること、そのことが社会的な相互作用にも影響を与えることについて研究を紹介しました。その中でもとくに、歩き始めたときのさまざまな行動の変化の中で、モノとのかかわりに焦点をあてた研究が多く行われています。

子どもの発達に関する研究はさまざまな観点から子どもとモノの関係に着目してきました。知覚と運動発達の観点からは、モノの探索の仕方やリーチングの発達に関する研究が行われてきました。

たとえば、生後二カ月頃から乳児は握ったモノを口に運んで探索するようになりますが、そこから二、三カ月の間にモノを両手で持ち替えたり、モノを見たりしゃぶったりを交互に繰り返すようになり、目と口、手を使った複合的なモノの探索が行われるようになります（Rochat, 2001）。モノのサイズから、自分とモノの距離もわかるようになり、生後六カ月頃になるとリーチングの際に、二つ対象がある場合は近い方に手を伸ばすことが知られています（Yonas et al., 1985）。モノをつかもうとするときに指の開き方がどの程度予期的に調整されるかを調べると、生後九カ月から一三カ月の間には対象のサイズに対して、また接触するタイミングに対して適切に調整されるようになることが示されています（von Hofsten & Rönnqvist, 1988; Claxton et al., 2003）。

認知発達的な観点の例を挙げると、ピアジェ（Piaget, 1954）は乳児の目の前に置いたおもちゃに布をかぶせると、さっきまであったおもちゃがもうなくなってしまったかのように探さないことを発見しました。見えなくなったモノも消えたわけではない、という対象の永続性の概念は生後六〜七カ月くらいで獲得されるとされます。その後の研究は、モノが宙に浮いたり、あるはずの壁を通り抜けたりといった物理的にありえない出来事を見たときに乳児がどの程度注視するかを検討することなどで、ピアジェの想定よりも早い時期に物理的知識を獲得していることを示しています（Spelke et al., 1992）。こうした研究は、自分の周囲の世界に対する知識をどのように身につけるのかを、物理的なモノに対する行動を見ることで検討してきました。

乳児とモノの関係は、モノを介した他者との関係性にも広がります。乳児とモノ、または乳児と他者の関係は二つの要素で構成される二項関係と呼ばれます。そして、社会的な文脈にモノに対する関心が埋め込まれていくとその関係性は、乳児、モノ、他者の三つの要素で構成される三項関係と呼ばれる構造になります。乳児と他者が同じモノに注意を払う共同注意はコミュニケーションの基盤となると考えられ、その発達について多くの研究がなされてきました。おおよそ生後九カ月頃に共同注意が成立することから、九カ月革命と呼ばれることもあります（Tomasello, 1995）。この発達が社会的な認知にとって大きな意味をもつのは、他者が自分と同じ環境を共有していることに気づき、他者の注意を自分と同じモノに向けたり、他者が注意を払っているモノに注目することができるようになるからです。ジェスチャーや指さしなどを使い、他者の注意をコントロールしようとし始めます。また、他者が注目しているモノや出来事から多くのことを学ぶことが可能になり、学習が促進されます。トマセロによると他者と環境を共有し、ジェスチャーや指さしで注意を共有することは言語的なコミュニケーションの基盤となります。

## 日常環境のモノの性質の知覚

この章の最初にも挙げたように、乳児はとても長い時間熱心に自分の身のまわりにあるモノを見て触って探索しています。自力で移動するようになった乳児とモノのかかわりで注目するべき変化は運搬です。ハイハイでは自分の近くにあるモノを触り、モノは運ぶものの、それほど頻繁ではありませんでした。歩き出して家の中の手が届くモノはなんでも運び、他の人に持っていくようになることは、乳児にモノとの新たなかかわり方をもたらします。

筆者らの研究では、歩行開始前後の乳児のモノのアフォーダンス知覚の変化について検討しました（西尾他、二〇二二）。一年間、保育園のゼロ歳児クラスの様子をビデオ撮影しながら観察したところ、そのクラスにいた八名の乳児は四月には誰も歩いておらず、一〇月には一人を除いて歩くように

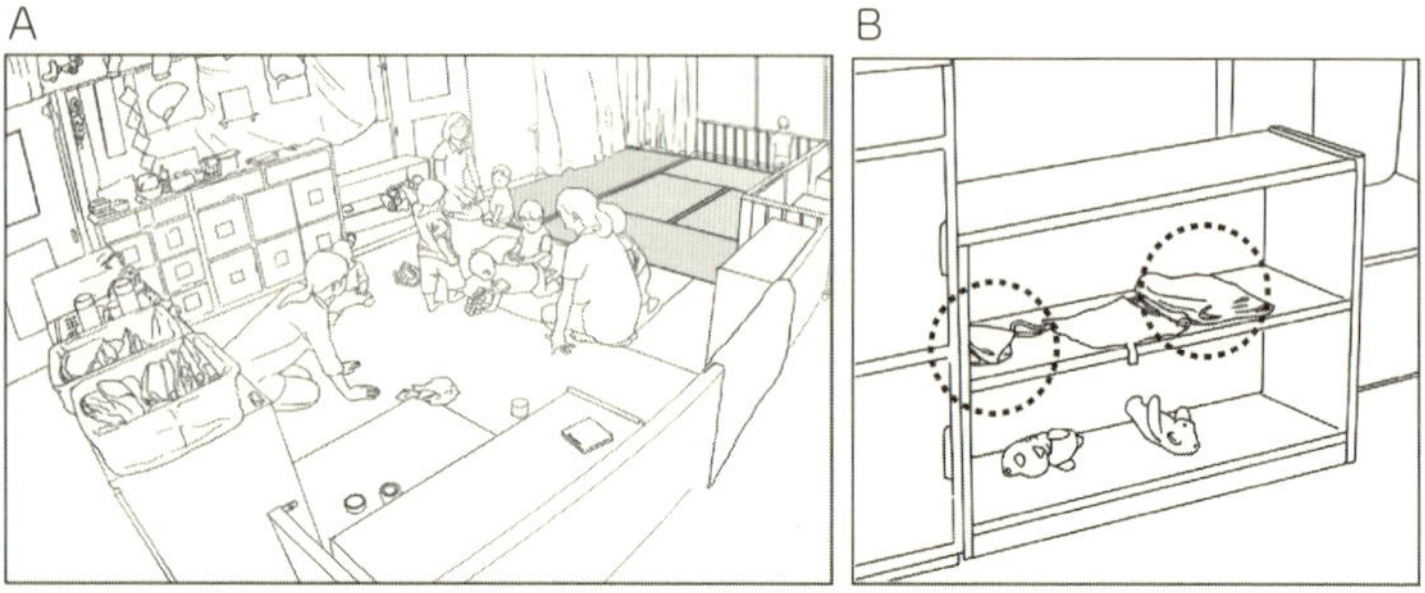

**図 3-7　A：保育室の様子，B：棚の中の布の定位置**

（出典）　西尾他（2021）より許諾を得て転載。

なりました。そこで、四月から九月までを前半、一〇月から翌年三月までを後半として、二つの時期で特定のモノとのかかわり方が変わるかどうかを調べました。ここで焦点をあてたモノは、保育室に一年間あった薄いジョーゼットのような布です（図３－７）。ゼロ歳児の保育室にはいろいろなおもちゃがありました。入園直後で多くの子どもが寝転がってすごしていた四月、五月は、仰向けで使用するメリーなどがありましたが、発達の状況に合わせて一年の後半には見られなくなりました。その代わりに後半には小さなデスクが置かれたり、はめ込みパズルや、スプーンやコップ等のままごと用品が現れました。布は一年を通して保育室にあり、子どもたちに人気のあるモノの一つでした。布は柔らかくて軽く、触るとすぐに形が変わります。手で持ったり、顔にすり寄せたり、足で踏んだり、振ったりするほか、保育者に見せたり渡したりすることも途中から見られるようになりました。

　この研究では、布とかかわる行動をいくつかの項目に分けて、歩行開始前後の時期にどの程度の頻度で見られるかを検討しました（表３－１）。その結果、後半に増えたのは、布と他のモノの組み合わせ、布を身につけること、運搬でした。布そのものの探索はずっと続きましたが、後半には布を他のモノと組み合わせるこ

表 3-1　布とかかわる行動の一覧

| 評定項目 | 定義 |
|---|---|
| モノそのものの探索 | 他のモノと組み合わせず，布それ自体を探索する。布の表面を手指で触る，捏ねるように丸める，振る，引っ張る，口に入れる等。 |
| 組み合わせ | 布と他のモノを組み合わせる。カップに詰める，おもちゃを包む，人形にかける等。他の乳児の顔にかける場合も含む。 |
| 身に着ける | 手を使わずに布を身体に接触させた状態を維持する。頭に巻いてもらう，自ら肩にかける等。 |
| 運搬 | 手に持ったままあるいは身に着けたまま布を持ち 3 歩以上移動する。 |
| 三項関係（見せる，渡す，受け取る，ジェスチャーによる要求） | 布を介した保育者とのかかわり。布を見せる，渡す，受け取るに加え，自分の頭に手を置くなどのジェスチャーで特定の行動を取るように保育者に要求する。 |
| いないいないばあ | 主に保育者が乳児の頭に布をかぶせ，乳児がそれを取って顔を見せる。 |

（出典）西尾他（2021）を一部改変。

とが見られるようになりました。また、布を手に持って運ぶ姿は歩き出すとよく観察されましたが、それだけではなく、布を頭に三角巾のように巻いてもらって身につけて運ぶことも見られるようになりました。おそらく最初は保育者が頭に布を結んであげたのだと思われます。誰かから結んでもらった経験のみから、布が自分の頭を覆う可能性があると知ったわけではなく、この遊びが生じる前にも頭や肩に布をかけようとする様子はたびたび観察されました。そういった経験から、布と自分の体が生み出すアフォーダンスは十分に探索してきたはずですが、歩き出すと、頭や肩に布を載せただけでは、柔らかい布はすぐに落ちてしまいます。この問題を解決するには、布に結び目をつくって頭をしっかりと覆ってもらうよう、大人に働きかけることが必要でした。歩き始めた乳児は部屋の中にあった布を持って、保育者のもとにたびたび持っていき、言葉はないものの、自分の頭の上にポンと両手を乗せて、布を結んでほしいと伝えていました。歩くことで布と自分の関係における新たなアフォーダンスが見出されたこと、また、一人ではどうしても解決できない課題を、他者の手を借りることで達成するという、新たな社会的な相互作用につながっていくことが示唆されました。

## モノの運搬と行動の組織化

歩いてモノを運ぶことは、複数のモノを組織的に扱うことの発達にも影響を与えると考えられます。西尾他（Nishio et al., 2023）は、一名の子どもが家の中で普段すごす様子を二年半の間観察し、モノの出し入れ遊びが片づけといえるような行動に発達するプロセスを示しました。とくに注目したのは、箱や引き出し、本棚などの容器やくぼみにおもちゃや絵本、日用品などのモノを出し入れするシーンです。一般的に、家のリビングなどの生活空間には生活に必要なさまざまなモノがあります。それらがすべて床に置いてあったら、そこで行われる食事や休息、遊びなどの活動の妨げになるでしょう。多くのモノは箱やケースに入れられ、さらに棚や引き出し等に設置されています。こうした構造を維持して何かの活動を行うにはそれらを出し、使い終わったら入れ、もとの場所に戻す一連の行動が順番に起こる必要があります。従来、こうした行動はルールの理解や指示に対する従順・不従順の観点から研究されてきました。この研究では、それだけではなく、モノのアフォーダンスの学習と、出来事の順番に関する予期性の発達の観点が必要であると指摘しています。それらの発達に、歩行という運動の発達、そしてモノの運搬がかかわってくるという仮説を提示しています。

## コラム3-2　計測機器の発展と自然観察

運動発達研究の方法の進展は技術的な進歩とともにあります。モーションキャプチャは運動の特徴を捉えるのに有効な機器ですが、揺れを少なくするために大きな三脚に載った複数のカメラを使用する広い空間が必要です。また、服でマーカーが隠れるとデータがとれないので、研究参加者に身体にピッタリと沿う全身タイツのような服装になってもらい計測していました。現在ではマーカーレスのものが進化しており、マイクロソフトのKinectは距離画像センサーで深度を測定し、ソニーのmocopiは小型センサーを手首や足首に装着しスマートフォン連携でデータ取得が可能です。特別な測定機器を使わなくても、動画からAIによって身体の姿勢を推定し、関節角度の情報を得る技術もあります。GoProなどの小型アクションカメラの普及も、ブレが少ない広角の一人称視点の動画の撮影を容易にしました。

こうした機器の小型化によって、発達研究において重要な、実際に発達が起こる環境でデータをとることが可能になってきました。発達研究に限らず心理学では、何かしらの仮説（たとえば、「階段登りを早くから練習させた子どもの方が練習させない子どもよりも熟達度が高い」など）を検証するために、余計なものを排除した実験環境に対象者を連れてきて課題を行ってもらう方法が一般的でした。しかしそれでは、どのような日常の経験で学習が起こるのかという、発達に重要な要素が検討できません。ロイ他（Roy et al., 2015）は小型ビデオカメラを自宅の各部屋に埋め込み、日常生活の膨大な録画から、子どもが家の中のどこで単語を学習するのか、という日常の文脈に埋め込まれた学習の姿を明らかにしました。ウェアラブル型の視線計測装置によって部屋の中を歩く際などの注視行動を調べたり（Franchak & Yu, 2022）、センサーが縫い込まれているベビー服を乳児に着せて、家庭での姿勢と運動について検討したりするコホート研究も行われています（Airaksinen et al., 2023）。

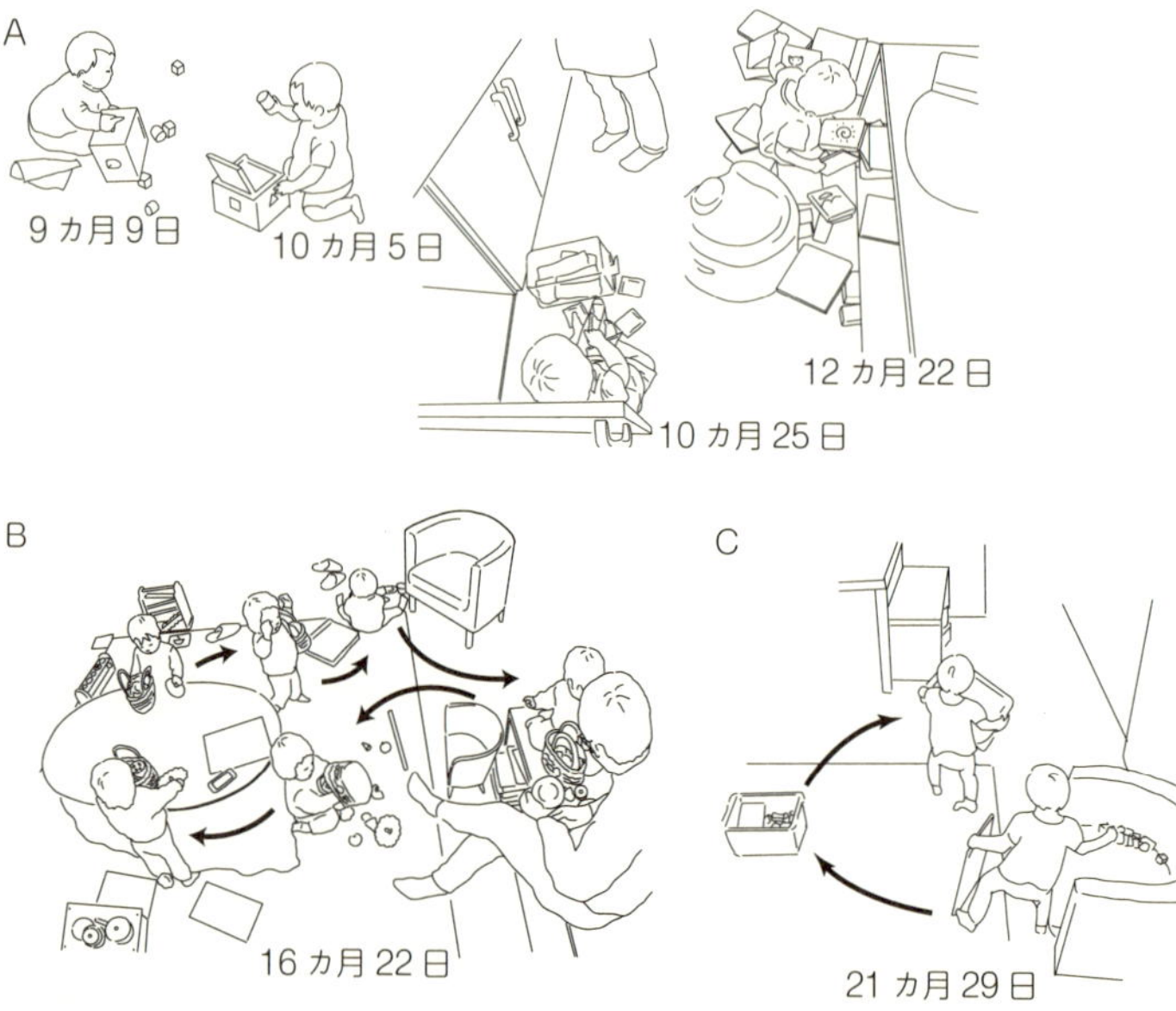


**図3-8　モノの出し入れ**

（出典）　Nishio et al.（2023）より作成。

観察を行った子どものモノの出し入れの発達の経過を簡単に見てみましょう。座位が安定し、ずり這いで移動するようになった生後九カ月頃から型はめパズルなどのおもちゃに積み木を入れたり出したりし、養育者がお茶などを保管していた箱からティーバッグを出したり入れたりすることを頻繁に行うようになりました。この頃は低い位置にある棚から絵本をとにかく外に出すなど、たくさんのものを引っ張り出し、また入れることを楽しんでいるようでした（図3－8A）。歩き出す以前にはモノの出し入れに移動を伴うことはほぼなかったのですが、生後一三カ月頃に歩き出すと、約半分程度の頻度で移動を伴うようになりました。袋を持ってきてキッチンのシャモジを入れてリビングに運んだり、ままごと道具

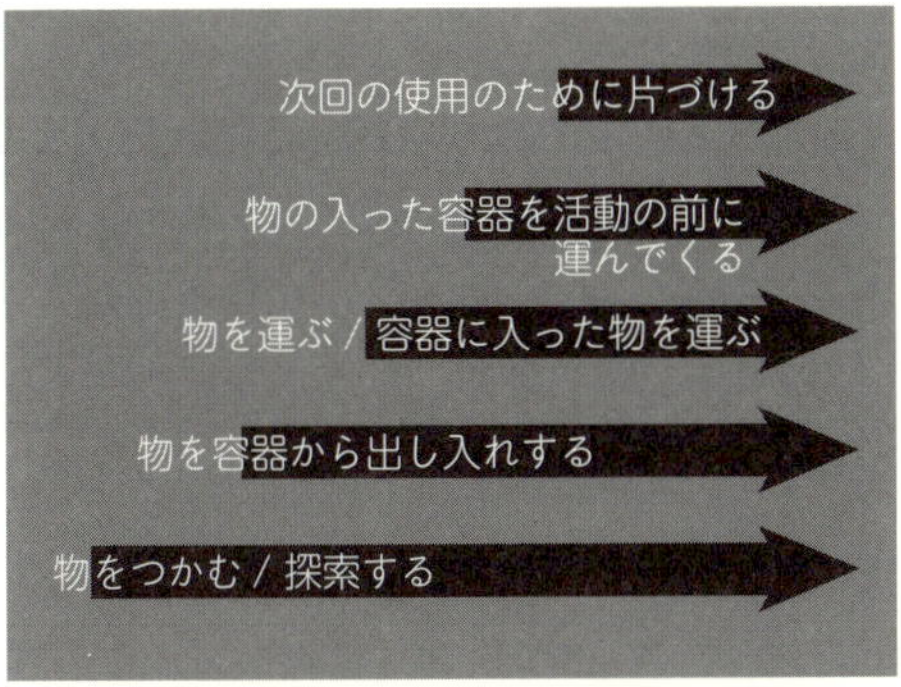


**図 3-9　姿勢と運動と行為の階層的な発達**

（出典）　Nishio et al.（2023）より作成。

を入れたバッグを持ってリビングをうろつき、あちこちで中身を出しては再度入れて歩いていました（図3－8B）。運搬でモノをあちこちに持ち歩くことで、もともと入っていた容器とは異なる容器にモノを詰め替えるなど、複数のモノの組み合わせがもたらす性質を探索するようになりました。そうした中で、生後一六カ月頃には、活動に先立ってモノを持ってくることが現れ始めました。たとえば、テーブルの上にあった紙の横に、引き出しからクレヨン箱を出して置き、さらに箱からクレヨンを取り出して描き始めるといった、一連の行為が予期的に起こっていると考えられる出来事が起こりました。生後二〇カ月頃には、それまでは散らばったブロックをおもちゃ箱に周囲の人が片づけても再度出すなど、出来事の終わりが必ずしもわかっていない様子だったのが、すべてのブロックを箱に入れるともとの場所に戻すといった行動が見られるようになりました（図3－8C）。

この研究ではモノの出し入れが組織的な行動になっていく過程を観察し、図3－9のような姿勢と運動と行為の階層的な発達の構造を提案しています。この図より前に獲得している座位の発達がリーチングの発達の基盤に、リーチングの発達がこの研究で見た運搬の発達の基盤になり、運搬が次の活動に対して予期的にモノの容器を持ってくることの、そしてそれらが次回の利用というより長期的な予期性の発達の基盤になる、という考え方です。これは、姿勢と運動が行為の基盤となり、それらが組み合わさったより長期的で複雑な行動の発達の下支えになっているという理論です。このように考えると、姿勢や運動の発達が発達カスケードとなって波及していくプロセスの理解の手助けになるのではないでしょうか。

# 第4章 歩行発達と言葉のやりとり

山本寛樹

本章を執筆している二〇二三年から二〇二四年にかけて、筆者は研究留学でアメリカに滞在しています。残念ながら筆者の英語能力はあまりにもお粗末なものであり、研究室での会話では、同僚が何を話しているのかあまり理解できず、うまく会話に加われないまま時間がすぎていくこともよくあります。このように、あまり理解できない言語をぼんやり聞いているとき、筆者は「乳児が言語を学ぶ際の状況って、こんな感じなのかな?」と思いを巡らせることがあります。

乳児は、自分が知らない言葉を話す家族たちに囲まれながら、少しずつその言語を身につけていきます。耳にする会話の中で、一部の単語を理解できたり、話題はわかるけれど会話の詳細まではわからなかったり——言葉を学ぶ乳児が置かれている状況は、海外旅行中や留学中の状況と似ている側面があります。このような状況で、乳児はどのように言葉を学習していくのでしょうか? 本章では、乳児が言葉を学ぶプロセスに焦点をあて、そのプロセスと歩行発達とのかかわりについて、説明していきます。

## 1　歩行獲得は言語発達と関連する？

発達カスケード（developmental cascades）に関する研究で明らかにされてきたことの一つに、乳児の歩行発達が言語発達と関連するというものがあります（He et al., 2015; Walle & Campos, 2014; ただし異論もある；Moore et al., 2019）。ワレとカンポス（Walle & Campos, 2014）は、生後一二・五カ月の乳児を対象に、乳児の歩行経験と言語発達の関連を調査しました。ここで、「歩行経験」とは、最初に歩行ができるようになってからの日数を表します。平均的に、乳児は生後一二カ月頃に歩行を獲得するものの、乳児が歩行を獲得する月齢には個人差が存在します。言語発達とひと口にいっても、音韻・統語などさまざまな領域がありますが、ワレとカンポスは、マッカーサー・ベイツ乳幼児言語発達質問紙（MacArthur–Bates Communicative Development Inventories: MCDI; Fenson et al., 1993）を用いて乳児が理解している語彙の総数（理解語彙数）および産出可能な語彙の総数（産出語彙数）を評価しました。ＭＣＤＩでは、六〇〇～七〇〇の語彙項目のそれぞれについて、保護者が乳児の理解・産出の有無を記入していき、その総数を乳児が獲得している語彙数の指標として扱います（コラム４－１）。ワレとカンポスはこれらの指標を用いることで、同じ月齢の乳児であっても、乳児の歩行獲得の早さによって乳児の言語発達がどのように変わるのかを検討しました。

研究の結果、月齢の影響を考慮しても、より多くの歩行経験をもつ乳児ほど、乳児が理解・産出する語彙数は多くなっていました。ワレとカンポスの結果は、乳児の歩行獲得が乳児の言語発達を促進することを示しています。シンプルな結果ではあるものの、この知見は、乳児の言語発達における運

## コラム４－１　語彙発達のオープンデータ「Wordbank」

ＭＣＤＩは乳児の語彙発達を測る指標として、発達心理学において長く使用されてきた質問紙です。ＭＣＤＩは、生後八～一八カ月児を対象とした「語と身振り」版と、生後一六～三〇カ月児を対象とした二種類があり、幅広い月齢にわたって乳児の語彙がどのように増加していくのか記録・分析することができます。英語圏の乳児を対象に開発されたものではありますが、現在は日本語を含むさまざまな言語に翻訳されています（たとえば小椋・綿巻、二〇〇四）。これまでに個々の研究者がＭＣＤＩを用いて収集してきた語彙データの一部は、Wordbankというオープンデータベースにて公開されており（Frank et al., 2017; 図コラム４－１－１A）、二〇二四年二月時点では、四二の言語から九万二七七一人の参加者のデータが公開されています。ＭＣＤＩが養育者の報告に基づく指標である以上、そのバイアスに留意する必要があるものの、幅広い月齢・多様な言語からなる大規模データである点で、語彙発達のプロセスを多角的に検討することができる強力なツールと言えるでしょう。近年では、Wordbankのデータに機械学習やネットワーク分析を活用することで、言語発達プロセスの普遍性や個別性を理解していこうとする研究が進められています（Fourtassi et al., 2020; 萩原他、二〇二三；図コラム４－１－１B）。

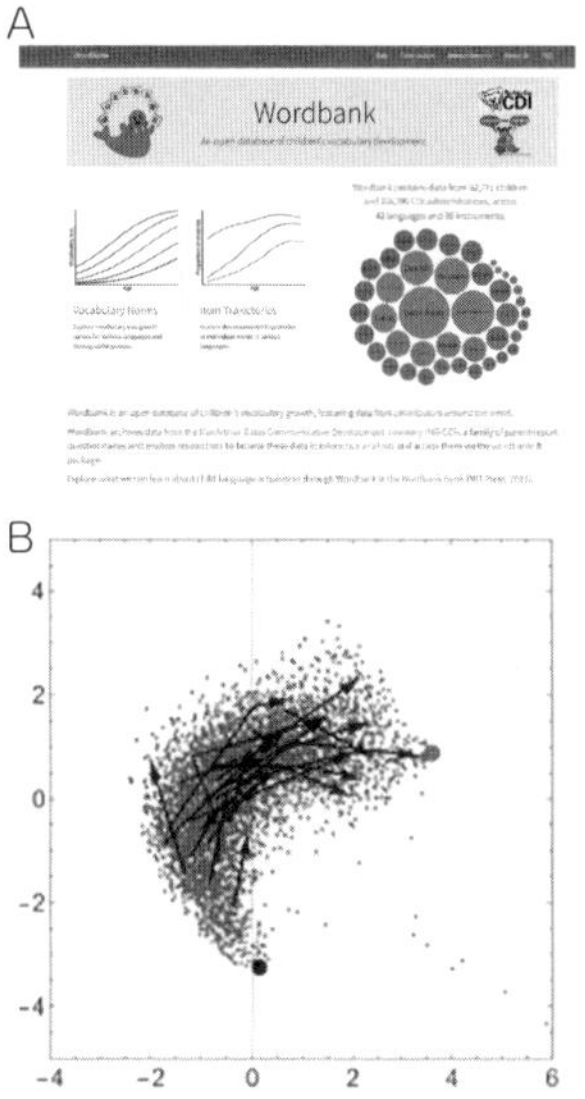


**図コラム 4-1-1　A：Wordbank のトップページ，B：機械学習手法を用いた，潜在空間上における語彙発達の発達軌跡**

（出典）　A：https://wordbank.stanford.edu/，B：萩原他（2023）。

動発達の役割について、従来の研究に新たな視点を提供するものです。一般に、乳児は言葉の意味を理解していくうえで、養育者の発話に含まれるラベルとそれが参照する環境中の対象の対応関係を学習し、記憶しておく必要があります。従来、このような認知的なメカニズムは、歩行獲得のような身体・ロコモーションとは独立したものであるとされてきました。ワレとカンポスの研究は、身体やロコモーションといった、表象操作とは一見関係のない領域が、認知や言語の発達にも何らかの影響を与えることを示した点で、従来の運動発達に対する認識に一石を投じるものでした。

しかし、ワレとカンポスの研究は、疑問点を残すものでもあります。彼らの研究は、あくまで歩行経験と乳児の理解・産出語彙数の関連を示したものであり、歩行経験がいかにして乳児の理解・産出語彙数に影響を与えるのかを明らかにしたものではありません。歩行獲得が乳児の認知や言語の発達を直接促進するとは考えにくいため、歩行獲得に伴って生じる何らかの変化が、乳児の理解・産出語彙数の増加を媒介していることが想定されます。言語発達において、言葉の意味の学習過程は語意学習（word learning）と呼ばれます。歩行経験が乳児の理解・産出語彙数と関連するとして、どのようなプロセスを経て、歩行獲得は語意学習を促進するのでしょうか?

これまで研究者は、歩行獲得が語意学習を促進するプロセスとして、歩行獲得に伴う親子のやりとりの変化に着目してきました。乳児は、独力で言葉の意味を学習するのではなく、親子のやりとりを通して言葉の意味を学んでいきます。乳児の語意学習を、ラベルとその参照物の対応関係を親子のやりとりから学ぶものとして定式化するならば、乳児は養育者の発したラベルが参照している対象を環境から特定する必要がありますし、養育者はラベルの参照する対象を乳児が特定しやすいようにラベルを発した方がいいでしょう。いわば、乳児の語意学習には、乳児と養育者の共同作業のような側面があるわけです。歩行獲得が乳児の理解・産出語彙数に影響を与えるプロセスには、語意学習の舞台となる親子のやりとり自体に、乳児の歩行獲得に伴う変化が生じている可能性が考えられます。

本章では、乳児の歩行獲得に伴う親子のやりとりの変化を、とくに養育者から乳児への発話やジェスチャーに着目して紹介していきます。ただ、歩行獲得に伴う親子のやりとりの変化を紐解いていく前に、一般に親子のやりとりにおいて、どのような要素が語意学習と関連するとされているのか、確認していきましょう。

## 2　言葉の発達を導く親子のやりとり

### 養育者の応答性

乳児の語意学習を考えるうえで避けて通れない重要な要素に、養育者の発話があります。養育者がラベルを発しないかぎり、乳児が環境中の対象とラベルの対応関係を学習することはありません。一方で、ラベルはただ発せられればいいというものでもありません。ラジオから流れる会話のように、乳児がいままさに経験していることと無関係な発話が発せられていても、乳児がその発話に含まれるラベルの意味を学習することは難しいでしょう。語意学習を推し進めるうえでは、乳児が見たり、触ったり、味わったりしている対象や、乳児がおかれている状況に合わせて、養育者がラベルを含む発話を適切に発していく必要があります。このことを考えるうえで重要なのが、「養育者の応答性」という概念です。

モノを手にとったり、モノをじっと見つめたり、ジェスチャーや発声をしたり――乳児の振る舞いには、乳児自身の関心が表出されていることがよくあります。親子のやりとりを観察していると、養育者はそのような乳児の行動をモニタリングしていることが多く、乳児の行動に対して発話やジェスチャーで応答することをよく見かけます。このような養育者の傾向は、「養育者の応答性」（responsiveness）や「養育者の随伴性」（contingency）と呼ばれ、乳児の発声学習（たとえばGoldstein & Schwade, 2008）や語意学習（たとえばTamis-LeMonda et al., 2014）を促進することが知られています。タミス－レモンダ他（Tamis-LeMonda et al., 2001）は、生後九カ月および一三カ月時点での親子のやりとりを分析し、応答性の高い養育者の乳児ほど語彙発達が早いことを、複数の指標を用いて報告しています。彼女らは、養育者の応答性が乳児の語意学習に与えるメカニズムとして、①乳児の行動と意味的に関連する応答を養育者がすることで、ラベルが指す対象を環境から特定しやすくなること、②乳児の行動に養育者が素早く応答することで、乳児がラベルと対象の対応関係を学習・記憶しやすくなること、③共通の目標をもったコミュニケーションに参与することで、情報を伝達しようとする養育者の意図を乳児が理解しやすくなることを挙げています（Tamis-LeMonda et al., 2014）。また、養育者の応答は、乳児の注意とも密接に結びついており、養育者の応答によって乳児のモノに対する注意が持続しやすくなり、注意が持続しやすい乳児ほど養育者も乳児の行動によく応答する傾向があるなど、相互に影響を与え合いながら語意学習を促進する関係にあることも指摘されています（Masek et al., 2021）。養育者の応答性は、その効果を養育者が意識しているにせよ、意識していないにせよ、乳児の語意学習を推し進める一つの要素となっているようです。

## 語意学習にかかわる、養育者の発話の特徴

養育者の発話は、応答性の他にも、乳児の語意学習を促進する複数の特徴を備えています。本題から少し逸れますが、どのような特徴があるのか、確認してみましょう。

まず、養育者から乳児にあてた発話は、成人同士の発話にはない特徴があり、対乳児発話（infant directed speech）と呼ばれます。対乳児発話は、成人同士の発話よりも基本周波数が高く、大きな抑揚をもち、母音を区別しやすいように発音されるなど、「誇張された」音響的特徴をもちます（たとえば Cox et al., 2023）。また、統語的特徴として一回の発話の長さ（平均発話長）は短い傾向があり、より簡単な語彙が用いられる傾向があります（たとえば Philips, 1973）。対乳児発話は文化普遍的に見られ、これらの音響的・統語的特徴は、乳児の注意を引きつけ、発話認知や単語の切り出しを容易にすることで、乳児の言語発達に寄与すると考えられています（Soderstrom, 2007）。

また、養育者の発話は、親子の日常的な活動に埋め込まれて発話されるものであり、その発話のあり方には実験的に提示される言語刺激にはない特有の統計的な特徴や構造が存在します。たとえば、「目玉焼き」というラベルは、昼や夜よりも朝の時間帯に、寝室・浴室よりはキッチン・食卓で発話される傾向があります。このように、養育者の発するラベルには特定の状況との結びつきをもつものが多く含まれており、特定の状況で発せられる傾向の強いラベルは、乳児がより早く習得する傾向があることが報告されています（Custode & Tamis-LeMonda, 2020; Roy et al., 2015; Snow, 1983; Tamis-LeMonda et al., 2019）。この他にも、発話内の単語の歪んだ頻度分布（skewed distribution; Lavi-Rotbain & Arnon, 2023）、ラベル発話のバースト性（burstiness; Slone et al., 2023; Suanda et al., 2018）、語彙のネットワーク構造（network structure; Hills et al., 2009; Fourtassi et al., 2020）など、日常環境での発話がもつさまざまな統計的特徴に近年注目が集まっており、乳児の言語発達との関連が検討されています。

## モノの名前の学習

日常生活で乳児は、多くの時間をモノで遊びながらすごしています。モノとひと口にいってもさまざまなものがありますが、ここではボール、スプーン、リモコンなど、乳児が手で持ち上げたり、動かしたりできる対象を指し、テレビ、ソファ、洗濯機のような、乳児が手で操作できない対象は含まないものとします。乳児が自身の手で操作可能な対象に対して行う行動を、本章では「モノ遊び」(object play) と呼ぶこととしましょう。日常生活でのモノ遊び場面を観察した研究によると、乳児は一〇秒程度のモノ遊びを、モノを変えながら断続的に行っており、一日の覚醒時間におよそ六〇〇回のモノ遊びをしていると推定されています (Herzberg et al., 2022)。また、月齢とともに乳児のモノ遊びの頻度は増えていき (Swirbul et al., 2022)、同時に、モノ遊びの内容も少しずつ複雑になっていきます (Lockman & Tamis-LeMonda, 2021)。このようなモノ遊び場面での乳児の行動に対して、養育者が発話で応答することは、乳児がモノとそのラベルの対応関係を学ぶ機会となっています。乳児の発達とともに、モノ遊び場面での親子の行動がどのように変化していくのか、また、一般に、「乳児の行動−養育者の応答」のセットがどのように乳児の語意学習を支えているのか、確認していきましょう。

### ① 物体操作

生後七カ月頃から、乳児は手にとったモノを口に運び、口にくわえたり、なめたりしてモノで遊ぶようになりますが、しだいにモノを床や机に打ちつけたり、手の中で転がしながら注視したりする物体操作 (object handling) が多く観察されるようになります (Belsky & Most, 1981)。乳児がこのような物体操作をしているタイミングは、養育者が乳児に対して発話をすることの多い場面であり (Tamis-

LeMonda et al., 2013)、他の場面よりも、養育者の発話にモノのラベルが多く含まれやすいことが報告されています（West & Iverson, 2017）。具体例を挙げるなら、乳児がボールを手に持って眺めているタイミングに、養育者が「赤いボールだね」という発話をするという状況をイメージしてもらうといいかもしれません。このような養育者の発話は、乳児の視野に映った、赤い、滑らかな肌触りの球体と、「ボール」というラベルの対応関係を学習する機会となります（コラム4－2）。とくに、物体操作の場面では、手に持っているモノを乳児が長く注視しているタイミングや、乳児がモノを注視しながら発声をしたタイミングに養育者がラベルを発すると、乳児がそのモノとラベルの対応関係を学習しやすいようです（Schroer & Yu, 2023; Goldstein et al., 2010）。乳児の物体操作とそれに対する養育者の発話は、乳児がモノを操作し探索していく過程において、乳児がモノの名前を学んでいく基盤になっていると考えられています。

### ②　モノを介した親子のやりとり

ここまで、乳児の物体操作に対する養育者の応答が、乳児の語意学習の機会となっていることを説明してきました。乳児の物体操作中の語意学習は、乳児が手でモノを探索し、養育者が乳児の関心を読み取ってタイミングよくラベルを発話するという構造を有しています。このようなモノ遊び場面では、たとえ親子が同じ場所にいたとしても、乳児の関心は目の前のモノに閉じており、乳児は、自身の関心を養育者に伝えようとして情報を意図的に発信しているわけではありません。あくまで「乳児とモノの間のやりとり」とでも表現するべきモノ遊び場面になっているわけです。ただ、乳児の成長に伴って、このようなモノ遊び場面の様相にも変化が生じてきます。

## コラム4-2　物体操作中の乳児の視野と語意学習

「モノを手で操作する」という行為は、老若男女を問わず、日常環境で普遍的に観察される営みです。しかし、モノを操作する「当事者」の視点に立った場合、乳児は成人とは異なる視覚経験をしていることが、ウェアラブルカメラを用いた研究で明らかになっています。

ウェアラブルカメラは、乳児の頭部に装着することができる小型のカメラで、乳児の頭部前面の視覚情報を記録することができる機器です。ウェアラブルカメラに記録される映像は、実際の乳児の視野そのものとは厳密には異なりますが、自然な場面での乳児の視覚入力を評価するものとして、二〇〇〇年代後半から発達心理学研究において活用されてきました（Smith et al., 2015; Long et al., 2024）。

ウェアラブルカメラを用いた先駆的な研究に、モノ遊び中の視覚入力を親子で比較したスミス他の研究（Smith et al., 2011）があります。スミス他は、テーブルをはさんで親子が向かい合う状況を設定し、複数のモノで遊ぶ際の親子の視覚入力を記録しました。その結果、モノ遊び場面の乳児の視覚入力の特徴として、①視野の中心に一つのモノが大きく映る傾向があり、②そのような視野は乳児の物体操作と連動して生じることが明らかになっています。テーブルの上に複数のモノがあるにもかかわらず、乳児の視野にモノが一つ映ることが多い背景には、乳児に特有の身体構造が関係しています。一般に、乳児は成人よりも短い腕をもち、物体操作の際にモノが乳児の顔の近くに位置することになります。このような状況では、乳児の視野に操作中のモノが大きく映り、視野内の他のモノを遮蔽することで、一つのモノが大きく映るような視野が形づくられるわけです。

このような乳児の物体操作が形づくる「一つのモノが大きく映る視覚入力」は、乳児の語意学習に適した視覚入力となっていることも明らかになっています（Yu & Smith, 2012; Pereira et al., 2014）。ペレイラ他

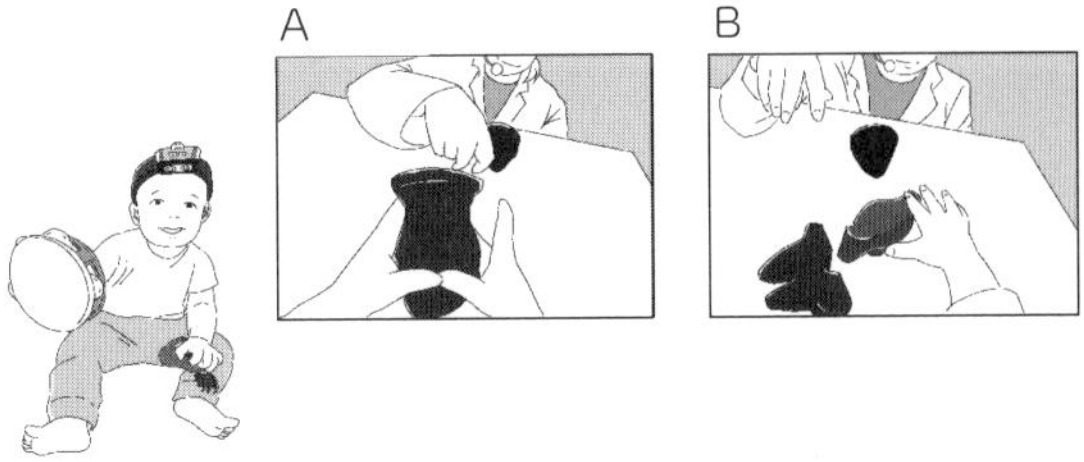


**図コラム 4-2-1　モノ遊び場面において，ラベルが発せられたときの乳児の視野――A：乳児の学習が確認できたラベルの発話時の乳児の視野，B：乳児の学習が確認できなかったラベルの発話時の乳児の視野**

（注）　ラベル学習が成功した発話では，乳児の視野に操作しているモノが大きく映っていることがわかる。

（出典）　Pereira et al.（2014）より作成。

（Pereira et al., 2014）は、モノ遊びの中でモノのラベルを発するよう養育者に教示し、その後に乳児がラベルを学習したかどうかを評価することで、ラベル発話時の乳児の視覚入力とラベルの学習の関連を検討しました。分析の結果、ラベルが発せられた際の乳児の視野にモノが大きく、そして視野の中心に映っているほど、乳児がそのラベルを学習している傾向がありました（図コラム4-2-1）。ペレイラ他の結果は、目の前のモノとラベルをシンプルに連合するだけで語意学習ができるような曖昧性の低い視覚入力が、乳児の短い腕での行為によって形づくられていることを示しています。乳児の物体操作の際に養育者がラベルを発する傾向があることを踏まえると（Tamis-LeMonda et al., 2013）、「乳児の短い腕によるモノの操作」と「養育者のラベル発話」が時間的に協調して起こりやすいことは、（親子双方の意図とは関係なしに）乳児が言葉を獲得していくことをサポートするシステムとして機能しているのかもしれません。

月齢が大きくなるにつれ、モノ遊び場面での乳児は、手にとったモノを養育者に見せたり、手渡したり、自身の手の届かないモノを指さしたりと、自身が関心をもっているモノを他者に知らせるようなジェスチャーを見せるようになります。「乳児とモノの間のやりとり」というよりは、「モノを介した親子のやりとり」というべき光景が見られるようになるわけです（第6章でよりくわしく扱いますが、前者は「二項関係」、後者は「三項関係」と呼ばれます）。このような乳児のジェスチャーは、発声や、養育者の顔への注視を伴ってなされることが多く、これらをまとめて社会的働きかけ（social bid）と呼ぶことがあります。

「あ！」という乳児の声が聞こえて振り向くと、乳児が窓の外にいる猫を指さし、自分の顔を見ている――同様の光景を過去に経験された方は多いのではないでしょうか？　これは、社会的働きかけの典型的な例になります。この例に見られるように、社会的働きかけは知覚的にも顕著であり、養育者の注意を引きつけるとともに、環境中の対象を養育者に知らせようとする乳児の「意図性」を解釈することができます。また、手渡しや指さしのような乳児のジャスチャーは、乳児が関心をもっている対象を養育者が環境から特定することを容易にします。このような社会的働きかけに対して、養育者は通常の場面よりも高い頻度で発話を返し、さらにその発話には乳児が見せようとする（または、渡す、指さそうとする）対象のラベルが含まれやすい傾向があります（Bornstein et al., 2008）。先ほどの事例でいえば、猫を指さした乳児に対し、養育者は「猫さんだねー」という応答を返すことが多いわけです。このような、乳児の社会的働きかけとそれに対する養育者の応答は、乳児が関心のあるモノを他者と共有していく過程において、乳児がモノの名前を学んでいく基盤になっていると考えられています。

## 動作の名前の学習

物体操作であれ、社会的働きかけであれ、乳児とモノとの相互作用に対して養育者が発話で応答することは、モノとそのラベルの対応関係を学習していく基盤になっているようです。しかし、日常生活での養育者の発話をよく見てみると、養育者の発話にはモノのラベルだけではなく、「向こうのボールとってきて」「ボールころがそっか」「どーぞしてくれるかな?」というように、動作を表す単語(動作語)も含まれていることに気がつきます。このような動作語も、モノの名前と同じように、「乳児の行動に対する養育者の発話応答」という構造の中で学習されていくのでしょうか? 養育者は、乳児の行動に対応するように、動作語を含んだ発話をしているのでしょうか?

ウェスト他(West et al., 2022)は、生後一三か月および一八カ月の乳児とその養育者を対象に、日常環境で養育者がどのようなタイミングに動作語を発話しているのかを分析しました。研究では、養育者が動作語を発話したタイミングに、乳児がどのような行動をしていたのかが調べられました。その結果、養育者の発話する動作語は、発話のタイミングでの乳児の行動に対応したものになっていました。また、養育者は、乳児の行動に先行するように動作語を発話するよりも(例:「ボールとってきてね」)、乳児の行動に応答するように動作語を発していました(例:「ボールとってきたね」)。動作語についても、乳児の行動とそのラベルが対応づけられるように、養育者は乳児の行動に発話で「応答」しているようです。一般に、名詞が表す「モノ」とは異なり、「つかむ」「動く」のような動作語が表す「行動」は瞬間的で知覚的にも把握しにくいため、乳児にとって、動作語の学習はモノの名前の学習よりも難易度の高いものになります。このため、乳児自身が行動を産出したタイミングに、養育者がその行動に対応したラベルを発する傾向にあることは、乳児が動作語を学んでいく基盤になっていると考えられています。

また、ウェスト他（West et al., 2022）は、動作語を「つかむ」「とる」のような「手による動作」を表す語、「蹴る」「動く」のような「全身動作」を表す語の二種類に分けた分析も実施しています。興味深いことに、「手による動作を表す語」が発せられる際は、その操作対象となるモノの名前も高い確率で同じ発話に含まれる傾向がありました。具体例を挙げて説明するなら、「履く」という言葉が発せられる場合は、「くっく（靴）履こうか」というように、行為の対象となるモノの名前も同じ発話に含まれる傾向があるようです。近年の研究では、月齢の低い乳児は、養育者の発話に含まれるモノのラベルを、モノだけでなく、モノとそれに関連する動作も含めた「モノ－動作」の総体と対応づけて学習していることが報告されています（Hagihara et al., 2022; コラム4－3）。幼い月齢の乳児が、発話に含まれるラベルを「モノ－動作」の総体と対応づけて学習していくプロセスには、乳児の手による動作に対して、養育者がモノと動作の両方のラベルを含むように発話する傾向があることが関係しているのかもしれません。

## 3　歩行獲得に伴う親子のやりとりの変化

さて、ここまで「乳児の行動－養育者の応答」というセットが、乳児の月齢とともにどのように変化し、どのように乳児の語意学習を支えているのか説明してきました。しかし、乳児の行動は月齢だけでなく、歩行獲得によっても大きく変化します。第3章でも説明されたように、歩行獲得によって、乳児の視野にはより遠くの対象が映るようになり（Kretch et al., 2014）、乳児は遠くのモノによりアクセスするようになり、モノの運搬も増加していきます（Karasik et al., 2011）。このような歩行獲得に伴う乳児の行動の変化は、「乳児の行動－養育者の応答」というセットにどのような影響を与えるのでしょうか？　まず、歩行獲得において、乳児の行動の変化を確認していきましょう。

## モノ遊びに割く時間の減少

先に記述したように、歩行獲得後の乳児は、モノの運搬の頻度が増加します。しかし、乳児がモノ遊び自体に割く時間は、歩行獲得後に一時的に減少するという報告があります。生後一三カ月の乳児を対象に日常環境で乳児のモノ遊びを観察した研究では、ハイハイ児に比べて歩行児は、一回一回のモノ遊びの時間が短く、観察時間全体においてもモノ遊びの時間割合が減少していました（Herzberg et al., 2022）。このような背景には、歩行獲得直後の乳児が、近くのモノではなく、遠くのモノへの関心を強めることが関係しているのかもしれません。歩行獲得直後の乳児が「遠くのモノ」に対する関心を強めることが、手元のモノを持ち続ける一回一回の時間減少を導き、観察時間全体でのモノ遊びの時間割合の減少を導いている可能性が考えられます。より厳密な物体操作の定義や、異なる手法を用いた研究でも、歩行経験によって乳児の物体操作の頻度が変化することを支持する証拠は得られていません（Franchak et al., 2024; Heiman et al., 2019）。今後の検討が必要なテーマではありますが、もしかすると、前節で紹介した「乳児の物体操作とそれに対する養育者の応答」という語意学習の機会は、歩行獲得直後は一時的に減少する、もしくは歩行獲得の影響をあまり受けない可能性もあるでしょう。

## コラム4-3　乳児はモノのラベルを何と結びつけて学習している？

「靴」という単語を聞いた場合、私たち成人は足を中に入れて歩くための履物を想像します。かりにあなたの目の前にいる人物が手を靴の中に入れていたり、頭の上に靴を載せていたりしても、「靴はどこですか？」と尋ねられたら私たちはその場所を正しく答えることができるでしょう。当たり前のことのように感じられるかもしれませんが、このようなコミュニケーションは、私たちが「靴」というラベルをモノの名前を表す単語として理解していることに支えられています。「靴」というラベルが、足を包む特有の形状のモノを指すものであることを理解しているからこそ、どのような扱われ方をしていても靴の場所を特定することができるわけです。ところが、近年の研究によって、幼い乳児は「靴」というラベルを靴そのものと結びつけるのではなく、〈靴-靴に特有の動作〉の総体と結びつけていることが明らかにされています。

萩原他（Hagihara et al., 2022）は、乳児がモノの名前を表す単語をどのように理解しているのか、実験的な手法を用いて検討しました。研究では、二つの動画をスクリーンの左右に同時提示し、あるモノを表すラベルが左右のどちらの動画に含まれているか、生後一八カ月から二三カ月までの乳児の回答を記録しました。スクリーンに提示された二つの動画は、どちらも何らかのモノに対する動作を含むものであり、モノと動作の組み合わせが自然な条件（一致条件）と不自然な条件（不一致条件）がありました。一例として、一致条件では「靴を履く」動画と「バスケットをこする」動画が、不一致条件では「靴をこする」動画と「バスケットを履く」動画が同時提示されました（図コラム4-3-1）。一致条件または不一致条件の動画を提示したうえで、「靴はどっち？」と乳児に尋ねたわけです。

「靴はどっち？」と尋ねられた場合、一致条件の乳児は、「バスケットをこする」動画よりも「靴を履く」動画を選択する傾向がありました。ところが、不一致条件の乳児は、「靴はどっち？」と尋ねられると、「靴をこする」動画も「バスケットを履く」動画も同程度選択する傾向がありました。モノ（靴）とモノに特有の動作（履く）が一致していない場合、モノのラベル（「靴」）尋ねられても正しくモノを特定できない傾向があるわけです。この傾向は、小さな月齢の乳児で顕著であり、月齢の発達とともに不一致条件でも「靴をこする」動画を正しく選択できるようになっていました。

萩原他（Hagihara et al., 2022）の結果は、幼い子どもが、モノのラベルを特定のモノと結びつけるのではなく、〈特定のモノ－動作〉の総体と結びつけていることを示しています。幼い子どもは、成人とは異なる、子ども独自のラベル理解をしているのかもしれません。

**図コラム 4-3-1　萩原他（Hagihara et al., 2022）で提示された刺激の一例**

（注）　一致条件では「靴を履く」動画と「バスケットをこする」動画が，不一致条件では「靴をこする」動画と「バスケットを履く」動画が同時提示される。動画提示後，実験者は「靴はどっち？」と質問し，乳児の指さしまたは注視行動が記録される。

（出典）　Hagihara et al.（2022）より作成。

## 乳児の社会的働きかけの増加

ただ、前節で見てきたように、モノ遊び場面では、乳児が黙々と物体操作を続けることもあれば、モノの手渡しのように、モノを介した親子のコミュニケーションが展開されることもあります。第3章でも説明されたように、歩行獲得以降、乳児はより遠くのモノにアクセスし、モノを運搬するようになります。このような歩行獲得に伴うモノの運搬行動の増加は、モノを用いた親子のやりとりにも変化をもたらします。

たとえば、歩行獲得以降の乳児は、モノを養育者と共有するという行動が、モノの運搬行動と結びついて生起しやすくなります。カラシック他（Karasik et al., 2011）は、生後一三カ月を対象に、日常環境において物体共有行動とそれが生起する文脈をハイハイ児と歩行児で比較しました。物体共有行動とは、モノを養育者に手渡す・見せるなど、社会的働きかけに分類される典型的な行動です。カラシック他の研究では、物体共有行動自体の頻度はハイハイ児と歩行児で変わらないものの、ハイハイ児の物体共有行動は、乳児が静止した状態からモノを手渡す・見せることが多いのに対し、歩行児の物体共有行動は乳児が移動しながらモノを手渡す・見せることが多くなることを報告しています。歩行獲得後、モノの共有が生じる状況は、遠くのモノを運搬するという文脈に再編されていくようです。

モノを手渡す・見せるという行動のほかに、発声や指さしのような物体指向的ジェスチャーも、社会的働きかけにおいてよく観察される行動です。これらの行動についても、歩行獲得に伴う変化が検討されています（Clearfield et al., 2008; Clearfield, 2011; West & Iverson, 2021）。ウェストとアイヴァーソン（West & Iverson, 2021）は、七カ月間にわたる縦断的観察を通して、歩行獲得の前後で乳児の発声や物体指向的ジェスチャーが変化するか、分析しています。発声については明確な結果は得られなかったものの、月齢の影響を統制しても、乳児の物体指向的ジェスチャーは歩行獲得後により増加する傾向がありました。また、乳児の歩行獲得後、ジェスチャーおよび発声を含めた社会的働きかけは、乳児の移動の文脈で生起することが増加していました。社会的働きかけに分類されるすべての行動ではないですが、これらの結果は、歩行獲得後に「モノを介したやりとり」を乳児から養育者に働きかけることが増加し、さらにそれが乳児の移動やモノの運搬の文脈において増加していくことを示しています。

## 養育者の応答の変化

歩行獲得に伴う親子のやりとりの変化は、乳児から養育者への社会的働きかけだけに留まりません。親子のやりとりが双方向的な性質をもっているように、歩行獲得に伴って乳児の社会的働きかけやその文脈が変化していくことは、養育者の応答にも変化をもたらします。

カラシック他（Karasik et al., 2014）は、生後一三カ月の乳児を対象に、日常環境での乳児の社会的働きかけに対して養育者がどのように応答するのか、ハイハイ児と歩行児で比較をしました。研究では、乳児の社会的働きかけから五秒以内の養育者の応答を以下の四種類のカテゴリーに分類しました。①モノや動作についての情報を含まない肯定（例：「ありがとう」）、②モノの情報について言及を含む参照（例：「オレンジのボールだね」「それは何？」）、③動作の指示（例：「ブロックを積んでごらん」「それを持ってきて」）、④反応なし。分析の結果、歩行児の養育者は、ハイハイ児の養育者よりも乳児の社会的働きかけに何らかの応答をする傾向があり、とくに「動作の指示」の応答をする割合が高くなっていました。この背景には、歩行児が養育者に発する社会的働きかけが、ハイハイ児に比べて、モノの運搬・共有の文脈と結びついていることがあるようです（Karasik et al., 2011）。歩行獲得によって社会的働きかけが「乳児が遠くから運んできたモノを見せる・手渡す」という文脈に再編されていくことは、共有されたモノに対する親子のやりとりを方向づけ、養育者は乳児に対してより動作の指示をするようになることが考えられます。歩行獲得に伴う乳児の行動の変化は、「乳児の社会的働きかけ－養育者の応答」というセットの様相にも変化をもたらすようです。

また、乳児の明示的な社会的働きかけが存在しない状況においても、歩行獲得の前後で乳児の行動に対する養育者の応答に変化が生じることを報告する研究もあります。シュナイダーとアイヴァーソン（Schneider & Iverson, 2022）は、日常環境での親子の自由遊び場面を数カ月間にわたって縦断的に観察し、乳児が移動した場面に焦点をあてて、乳児の移動に対する養育者の発話およびジャスチャーがどのように変化したのか、歩行獲得の前後の期間で比較しています。その結果、乳児の移動時に養育者が発話やジェスチャーを発する頻度は、乳児の歩行獲得前よりも歩行獲得後に増加していました。発話についてはモノの名前・動作語が、ジェスチャーについては見せる等のジェスチャーが歩行獲得後に増加していました。興味深いことに、歩行獲得後の期間においても、乳児がハイハイで移動しているときと歩行で移動しているときで養育者の発話・ジェスチャーを比較した場合でも、乳児の歩行中に養育者はより多くの発話・ジェスチャーをする傾向がありました。この結果は、乳児が歩行で移動すること自体が、養育者からモノの名前や動作語・ジェスチャーなどの多くの応答をリアルタイムで引き出すこと、そのような機会が歩行獲得に伴って増加していくことを意味します。また、養育者が発する動作語については、乳児の歩行獲得後に移動に関する語の頻度が増加し、さらにより多様な動作語が発せられるようになることも報告されています（West et al., 2023）。歩行獲得に伴い、乳児がモノを運搬するようになることは、乳児が経験する言語入力を、量の面でも質の面でも変えていくようです。

## 4　歩行獲得に伴う、行為のネットワークの再編

本章では、乳児の歩行獲得に伴う親子のやりとりの変化を、とくに養育者による発話に焦点をあてて紹介してきました。歩行獲得は、乳児のロコモーションやモノとのやりとりに変化をもたらすだけでなく、乳児から養育者への社会的行動にも変化をもたらします。歩行獲得後、乳児のモノの運搬は、モノを養育者に見せる・手渡すなどの行動と結びつきやすくなり、指さしのような物体指向的ジェスチャーも歩行獲得後に増加していきます。ただ、歩行獲得で変化するのは、乳児から養育者への社会的行動だけではありません。日常環境において、養育者は乳児をモニタリングし、乳児の行動に随伴して発話やジェスチャーで応答をしていく存在です。乳児の歩行獲得は、養育者から乳児への社会的行動にも変化をもたらします。歩行獲得以降、養育者は乳児の社会的働きかけにより応答するようになり、発話・ジェスチャーなどをより多く発するようになります。養育者の発話の内容も、モノの名前だけでなくより多様な動作語を含むように変化していき、リアルタイムな乳児の行動と意味的にも結びつきをもつように発話されます。いうなれば、歩行獲得によって変化するのは、「乳児の行動－養育者の応答」のフィードバックループと捉えた方がいいでしょう。「乳児の行動－養育者の応答」のフィードバックループを日々蓄積していくなかで、乳児は自身が関心をもつモノの名前や動作の名前を学習していきます。乳児の歩行経験が、一見関連のなさそうに感じられる言語発達と関連することの背景には、乳児が世界とかかわる際に経験する言語入力が、乳児の歩行発達とともに変化してい

くことがあるでしょう。

本章の冒頭で触れたように、歩行獲得に伴う一連の変化は、発達カスケードの一例として長く研究されてきました（Iverson, 2021, 2022）。乳児の「歩行獲得」は「遠くのモノへのアクセス」を導き、乳児の「遠くのモノへのアクセス」は「物体共有行動」を導き、乳児の「物体共有行動」は養育者の「発話の応答」を導くというように——乳児の歩行獲得は連鎖反応のように親子の行動に変化をもたらしていきます。個々の研究では、乳児の歩行獲得と他の乳児の行動・養育者の行動との関連について、その一対一の対応関係を特定するように進められてきたものの、歩行を起点とする発達カスケードの全容はおそらく一対一の対応関係だけで表される単純なものではないでしょう。ある月齢の乳児においてある行為が親子の他のどのような行為を導くのか、「行為」をノードとして行為同士の連関を線で結んでいった場合、網目のような構造をもった「行為のネットワーク」を描くことができると予想できます。行為のネットワークの中には、一対多、多対多の対応関係も存在するでしょうし、ある行為からある行為に一方向的に作用する関係もあれば、親子のやりとりのように双方向的に作用する関係もあるでしょう。いずれにせよ、発達的な時間スケールで捉えた場合、乳児の歩行獲得は、新たな行為を既存の行為のネットワークに加えたり、既存の行為同士のリンクを弱めたり、行為のネットワークの構造を動的に変化させていくはずです。歩行獲得を起点とする発達カスケードは、歩行発達に伴う行為のネットワークの再編として理解することができるでしょう。

乳児の語意学習の機会は、このような行為のネットワークにおける局所的な相互作用を通して形づくられていきます。歩行獲得が乳児の言語発達を促進するプロセスを理解するには、乳児の語意学習の機会が行為のネットワークにどのように立脚しているのか、また、行為のネットワークの再編とともに語意学習のあり方がどのように変化していくのかを明らかにしていくことが重要でしょう。本章で紹介した研究は、歩行発達に伴う行為のネットワークの変化のほんの一部であり、今後も日常環境での行動観察や実験的な手法などを併用しながら、歩行獲得を起点とする発達カスケードの全容を明らかにしていく必要があります。本章のコラムで紹介した関連研究や研究手法は、今後、行為のネットワークの再編と語意学習のかかわりを探究していく一助になるかもしれません。

本章では、歩行獲得を起点とする発達カスケードのうち、語意学習の機会として、親子の言葉やジェスチャーのやりとりに焦点をあてた研究を紹介してきました。しかし、乳児とのコミュニケーションの手段は言葉やジェスチャーだけではありません。本章で扱わなかった乳児とのコミュニケーションの手段に「視線」が存在します。発達心理学において、語意学習にもかかわるものとして、視線に関する多くの研究が蓄積されてきました。次章では、歩行獲得に伴う親子の視線のやりとりの変化を紹介していきます。

# 第5章
# 歩行発達と視線のやりとり

山本寛樹

乳児とかかわる研究をしていると、行動観察中、乳児と「目が合う」瞬間に立ち会うことがあります。見慣れない大人である研究者が気になって、遠くからこちらをじっと見つめていたり、しだいに慣れてきたのか、てとてとと近づいてきて、おもちゃを手渡してきた後にこちらの顔を見上げて反応をうかがってきたり――研究者として透明な観察者に徹した方がいいとは理解していても、このような瞬間に私は思わず、乳児に声をかけてしまうことがあります。乳児が他者を見つめている際に応答を期待しているのか、とくに深い意図もなく他者を見つめているのか、個々の状況から判断することは難しいですが、乳児が発する「見つめる視線」に出会う際に、有無を言わさず他者をコミュニケーションへと巻き込んでいく、視線の強制力のようなものを筆者は感じることがあります。

ただ、このような「見つめる視線」とともにコミュニケーションが始まるのは、親子のやりとりに限定されたものではないようです。乳児の視線のような微笑ましい事例とはほど遠いですが、不良を題材とする漫画やドラマでは、「見つめる視線」をきっかけに「何見とんのやコラァ！」と喧嘩が始まるシーンが描かれます。また、私たちが街で他人と誤って目が合ってしまった場合は、まるで相手に関心がないことを示すかのように、互いに顔や身体をそむけてコミュニケーションが始まらないように振る舞います。こうした事例を並べてみると、「見つめる視線」は、親子のやりとりに限らず、さまざまな場面で他者とのコミュニケーションを始動し、展開させていくものとして、私たちの日常生活に深く根づいているようです。

このような「見つめる視線」は、乳児とのコミュニケーションツールとして、また、乳児の言語や社会性の発達を支える基盤として、古くから発達心理学で重視されてきました。乳児と養育者は、視線を用いてどのようにコミュニケーションをしているのでしょうか？　そして、視線を用いたコミュニケーションは、乳児の月齢や歩行獲得とともに、どのように発達変化していくのでしょうか？　本章では、親子の視線を用いたコミュニケーションを「視線のやりとり」と呼びつつ、乳児の歩行発達との関連について解説していきます。

## 1　さまざまな視線のやりとり

まず、用語を定義しておきましょう。一般に、「視線」という単語で眼球の動きをイメージする方が多いとは思いますが、ここでは眼球の動きだけでなく、頭部、身体、指さしなど、自身が注視している環境中の対象を、他者に対して視覚的に発信する行動を総称するものとして「視線」という言葉を用います。また、注視する対象や方向を他者に対して発信する際に用いられる、眼球運動、頭部運動、身体運動、指さしなどの行動を総じて、「視線手がかり」と呼ぶこととしましょう。

## 視線のやりとりの分類と、その発達

本章の冒頭で「目が合う」という事例を紹介しましたが、私たちは「目が合う／合わない」というやりとりの他にも、視線を用いた複雑なコミュニケーションを日常の暮らしの中で展開しています。たとえば、カフェで友人と会話をしている状況で、友人がふと自分とは別の場所を眺めた際に、私たちは友人の視線の向いた方向を目で追ってしまうことがあります。このように、私たちは他者が注視している方向に対して反応したり、自身が注視している対象を他者に発信したりしながら、視線のやりとりをしています。このような視線のやりとりは、どのように分類することできるのでしょうか？

一般に、視線のやりとりは、二者間の注視行動の協調のパターンによって、相互注視、視線追従、共同注意、共有注意といったいくつかのカテゴリーに分類することができます（Emery, 2000; 図5－1）。これらの注視行動の協調のパターンは、乳児の発達とともに複雑化し、双方向的な性質を帯びていきます。簡単に、どのような注視行動の協調のパターンがあるのか、関連する話題も織り交ぜつつ概観していきましょう。

### ①　相互注視

最もシンプルかつ発達初期から見られるパターンは、本章冒頭の事例で紹介したような、「目が合う」タイプの視線のやりとりです。専門的には、相互注視（mutual gaze）やアイコンタクト（eye contact）と呼ばれ、一方が他方に向けた視線（直視）に相手も直視で応答することで生じます。乳児は他者の直視に敏感であり、新生児の頃から他者の直視に反応して相互注視が起こることが知られています（Farroni et al., 2002）。ただ、視線に対する新生児の反応は、直視に限定されており、乳児以外の

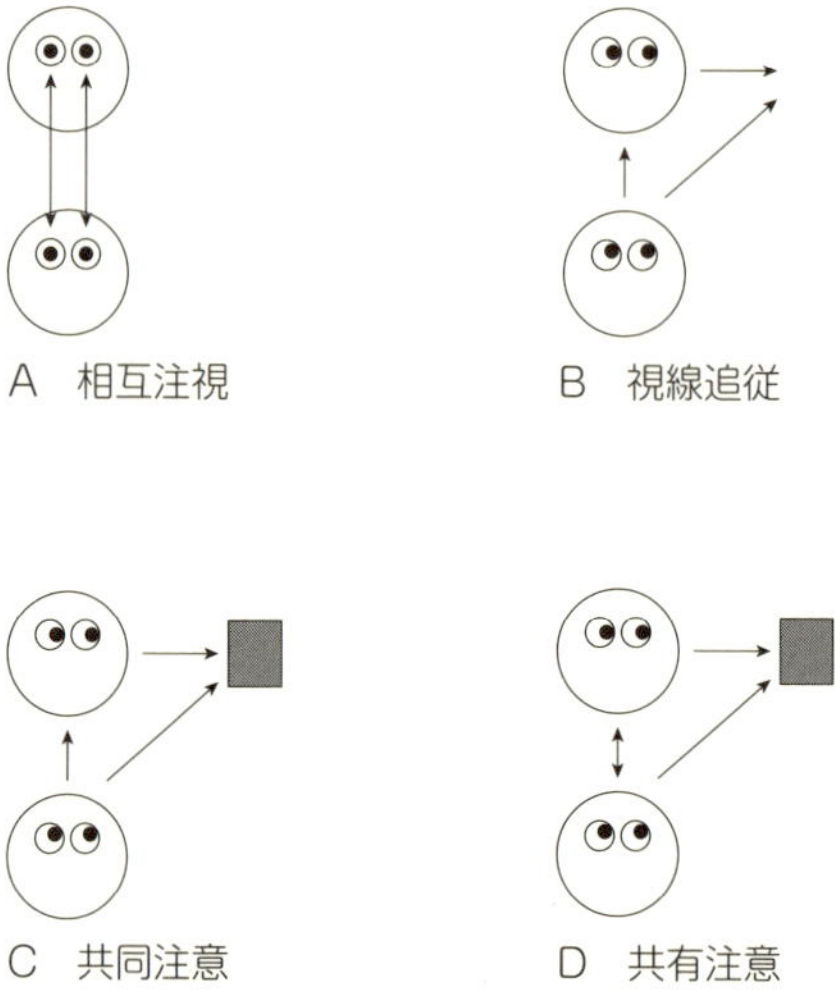


**図 5-1　視線のやりとりの分類**

（出典）Emery（2000）より作成。

方向に向けられた視線に反応するようになるには、半年ほどの時間を待たなければいけません。

② 視線追従と共同注意

他者の視線方向に対する乳児の反応は、生後六カ月頃からしだいに発達していきます（ただし異論もある；Farroni et al., 2004）。具体的には、生後六カ月以降の乳児は、他者の頭部方向が変化したタイミングや、他者が指さしをしたタイミングに同じ方向を向くようになります。このような他者の視線手がかりの方向を目で追う反応は視線追従（gaze following）と呼ばれます（Scaife & Bruner, 1975）。これまで、統制された実験室で実験者が視線手がかりを発したり、スクリーン上に視線手がかりを発する顔を視覚提示することで、視線手がかりへの乳児の反応が系統的に調べられてきました。さまざまな視線手がかりに対する乳児の反応を縦断的に調べた研究によると、視線追従は乳児が生後七カ月頃から観察されるようになり、生後一二カ月頃までに視線追従が生起する割合はゆっくりと増加していきます（Tang et al., 2024）。視線手がかりにも、眼球運動、頭部運動、指さしなどさまざまな種類がありますが、利用可能な手がかりが多く、顕在的になるほど、乳児の視線追従は起こりやすくなります（Deák et al., 2000; Flom et al., 2004; Tang et al., 2024）。また、視線手がかりが発せられる直前に他者との相互注視が成立していたり、乳児の覚醒度が高くなっていると、乳児の視線追従が起こりやすくなることも明らかにされています（Senju & Csibra, 2008; Okumura et al., 2013; Ishikawa & Itakura, 2019）。直前の相互注視の有無や乳児の覚醒状態、視線手がかりの強度の影響を受けつつも、生後六カ月以降の乳児は他者の視線方向に対する感受性をゆっくりと発達させていくようです。

生後九カ月頃からの乳児は、他者の視線方向を目で追うだけでなく、他者の視線方向の先にある対象自体を正確に捉えることが増えてきます。このような、乳児が他者と同じ対象に視覚的注意を同時に向けている状態は、共同注意（joint attention）と呼ばれます。視線追従は共同注意に先行して生じることが多く、共同注意を導くプロセスとして、視線追従は多くの研究で注目されてきました。そのなかでも、バターワースとジャレット（Butterworth & Jarrett, 1991）は、乳児の視線追従から共同注意が導かれるプロセスの発達変化を明らかにしています。

バターワースとジャレット（Butterworth & Jarrett, 1991）は、部屋のさまざまな場所に配置されたモノに実験者が視線手がかりを向け、対面する乳児の反応を生後六カ月、一二カ月、一八カ月の乳児で比較しました。実験者が乳児の視野内のあるモノに対して視線手がかりを発した場合、生後六カ月児は実験者の視線方向を目で追うことがあります。ただ、視線方向の先に複数のモノがあった場合、生後六カ月の乳児は最初に目に入ったモノに注意を向けてしまい、共同注意が成立しないことが多いようです。一方、生後一二カ月児になると、同じ状況でも、実験者が視線手がかりを向けたモノに注意を向けることが多く、視線追従によって共同注意が成立することが増えていきます。また、生後一八カ月児になると、乳児の視野外にあるモノに対して実験者が視線手がかりを発した場合――たとえば、乳児の後ろにあるモノを指さした場合――にも、乳児の視線追従から共同注意が成立するようになります。まとめると、生後六カ月以降の乳児は、他者の視線手がかりを受信し、その方向や対象に注意を向けるようになり、そのプロセスや状況も、乳児の月齢とともにしだいに洗練されていくようです。

### ③ 指さしの産出――双方向的な視線のやりとりへ

他者の視線の手がかりに対する乳児の反応について解説してきましたが、乳児はいつまでも他者の視線手がかりの受信者であるわけではありません。生後九カ月以降の乳児は、しだいに環境中の対象を指さし、自身が注意している対象を他者に自発的に発信するようになります。初期の指さしは、乳児が環境中のどこを指しているのか曖昧なことも多いのですが、しだいに「あ！」と言いながら特定のモノや場所をはっきりと指し示すことが増えていきます。また、指さしが生じる文脈も、「あれをとってほしい」と表現できるような、援助やモノを他者に要求することを目的としたものから、「あれを見て！」と表現できるような、環境中のモノや場所を叙述し、他者と視覚的に共有することを目的としたものが含まれるように変化していきます。発達とともに、乳児は他者に対して視線手がかりを自発的に発信しながら、他者との双方向的なやりとりを展開していくようになるわけです。「視線手がかりの受信／発信」という観点から共同注意を分類した研究によると、幼い乳児では、他者が発信する視線手がかりに乳児が反応して生じる共同注意（応答的共同注意：responsive joint attention）が多く観察されるのに対し、成長とともに乳児の発信する視線手がかりに他者が応答する共同注意（始発的共同注意：initiative joint attention）が増加していくようです（Mundy & Newel, 2007）。

### ④　共有注意

また、乳児の成長に伴い、乳児は自身や他者の指さしの後に、他者の顔を直視しながら、他者が自身と同じ対象を注視しているのかを確認するような行動を示すことがあります。このような視線のやりとりでは、親子が同時に同じモノを注視しているだけでなく、「親子が同じモノに注意を向けていること」が互いに顕在化しているという特徴があります。

一部の研究者は、このような注視行動の協調のパターンを、他者の心的状態を表象すること（いわゆる「心の理論」）の前駆体を示すものとして重視してきました。指さし後に他者の注視対象を確認するような乳児の行動には、「他者の視線は環境中の特定の対象に注意を向けられるものであり、その注意は自身の注意と異なる対象に向けられうるものである」という乳児の理解を想定することができます。また、乳児が産出する指さしには、乳児自身が注視している対象を他者と共有しようとする「意図性」を想定することもできるでしょう（Tomasello et al., 2007）。要は、こうした注視行動の協調のパターンは、他者の心的状態に関する原初的な理解――他者が自分とは異なる意図をもった主体であることに対する理解――を表すイベントとして解釈することができるわけです（Tomasello, 1995）。このため、研究者によっては、たんに親子が同時に同じ対象に注意を向けている共同注意と区別して、親子が同じ対象に注意を向けていることが互いに顕在化している状態を共有注意（shared attention）と呼ぶことがあります。本章においても、この区別に倣い、共同注意と共有注意を異なる分類として扱います。

### ⑤ 視線手がかりの利用

視線追従以降の視線のやりとりの発達過程は、「視線手がかりに含まれる情報の利用」という観点から理解することもできます。生後六カ月頃の視線のやりとりにおいて、他者の視線手がかりは特定の方向や対象へ乳児の注視行動を誘導する、知覚的な情報を提供するものとして機能しています。一方で、より成長した乳児との視線のやりとりを見ると、乳児は、環境中のモノを他者に伝達しようとする意図を含んだものとして視線手がかりを理解・発信しているように解釈できる事例が散見されます。言い換えるならば、成長した乳児において、視線手がかりは社会的な情報を提供するものとしても機能しているようです。乳児が視線手がかりを知覚的な情報として利用しているのか、社会的な情報として利用しているのか、個々の事例から判断することは難しいですし、研究者によっても意見が分かれるトピックでもあります。ただ、両者は互いに背反するものではありませんし、成長とともに、乳児は視線手がかりに含まれるより多くの情報を知覚し、利用できるようになっていきます（たとえばLee & Lew-Williams, 2023）。

### 乳児の言語発達との関連

前項で紹介した視線のやりとりの中でも、共同注意と共有注意は、乳児の語意学習の機会として多くの研究で注目されてきました（Tomasello & Todd, 1983; Tomasello & Farrar, 1986; Baldwin, 1993; Markus et al., 2000; Carpenter et al., 1998）。共同注意や共有注意は、親子が環境中の同じ対象に視覚的注意を向けているタイミングになります。このようなタイミングで養育者がラベルを発した場合、養育者の発したラベルが環境中の何を参照しているのか、乳児は養育者の視線手がかりをもとに推論することが可能になります（たとえば Baldwin, 1993）。乳児が他者の視線に敏感であることは、モノにあふれた日常環境においても、乳児がラベルの参照物を正確に特定し、その対応関係を素早く学習していくことを促進すると考えられてきました。

実験室での研究では、共同注意の成立にかかわる乳児の行動傾向が、後の語彙発達の成績と関連することが明らかにされています。ブルックスとメルツォフ（Brooks & Meltzoff, 2005, 2015）は、生後九～一一カ月時点の乳児に視線追従の課題を実施し、実験者の視線方向をより追従する乳児ほど、生後一八カ月時点での理解語彙数や、二・五歳時点で産出できる心的語彙数が多くなることを示しました。共同注意と語彙発達の関連を調べたメタ分析でも、乳児が他者の視線手がかりに反応する応答的共同注意は、後の言語発達と正の相関を示すことが明らかになっています（Bottema-Beutel, 2016）。共同注意や共有注意を導くような、視線手がかりに対する乳児の感受性は、語彙発達を予測する変数となっているようです。

## 2　実際の親子間相互作用における視線のやりとり

ここまで、親子の視線のやりとりを乳児の発達を追うように分類してきました。親子の注視行動の協調パターンは、相互注視のような互いの見つめ合いからスタートし、視線追従を経て、共同注意、共有注意に見られる、モノを介した視線のやりとりへと発展していきます。また、その過程において、注視行動の協調のパターンも、視野外のモノへの共同注意に見られるように複雑になり、乳児の指さしや共有注意に見られるように双方向的な性質を帯びていきます。

このように概観してみると、乳児の生後の二年間は、視線理解にかかわる乳児の能力・スキルの発達とともに、視線のやりとりが成人同士のコミュニケーションのように洗練されていく過程のように感じられます。実際、先に紹介した実験的研究の多くは、乳児が他者の視線手がかりに対する感受性を段階的に発達させていくことを明らかにしてきました。ただ、注意が必要なのは、ある月齢の乳児が視線理解に関する優れた能力をもつからといって、実際の親子間相互作用で乳児がその能力を頻繁に活用しているとは限らないということです。

簡単のために、車にたとえてみましょう。普通自動車は時速一〇〇キロで走ることもできますが、私たちはつねに時速一〇〇キロで車を運転しているわけではありません。たしかに、「時速一〇〇キロで走る」という車の能力は、高速道路という特定の状況において、「遠方の目的地にできるだけ短い時間で移動する」という目的のもとでは有効に機能するかもしれません。しかし、そのような目的や状況におかれることは、私たちが日々経験する「車の運転」という営み全体の一部分にすぎません。同様に、ある月齢の乳児が優れた能力・スキルをもつことは、乳児が日常的にその能力を活用していることを必ずしも含意しません。実験的に評価される乳児の能力・スキルと、日常生活における当該能力・スキルの活用のあり方は、個別に探究されるべきものであり、両者の知見にはギャップが存在することがあります。

## 乳児は養育者の顔を見ない

実験的に評価される乳児の能力と、日常生活での乳児の振る舞いのギャップは、視線のやりとりにも見出すことができます。前節では、乳児が他者の視線手がかりを受信したり、他者に視線手がかりを発信するように発達する過程を追ってきましたが、そもそも日常生活では、親子間での視線手がかりの顕在的な送受信は頻繁に起こるわけではありません。家庭でのモノ遊び場面で、親子双方がどのような場所を注視しているのかを分析した研究では、養育者は乳児の顔を注視していることが多いのに対し、乳児は養育者の顔を注視することがほとんどないことが明らかになっています（Deák et al., 2014; 以下も参照：Franchak et al., 2018; Yu & Smith, 2013, 2016）。生後六カ月以降に乳児が養育者の視線方向の変化に対する感受性を発達させていたとしても、日々の生活において乳児が他者の視線方向を能動的に探索することはそう多くないようです。

**養育者によるサポート**

乳児が養育者の顔を能動的に探索することがなければ、乳児による視線追従や共有注意は起こりえません。このことを反映するように、実際の親子のやりとりにおける共同注意は、乳児が養育者の視線手がかりに反応したり、乳児が養育者に視線手がかりを発信したりして共同注意が成立するよりも、乳児が注視しているものに養育者が視覚的注意を合わせることを通して共同注意が成立することが多いことがわかっています（Bakeman & Adamson, 1984; Abney et al., 2020）。ベイクマンとアダムソンは、養育者が乳児の注視対象をモニタリングすることで生じる共同注意を、支持的共同注意（supported joint engagement）と呼び、共同注意の成立では養育者によるサポートが大きな役割を果たしていることを強調しました（Bakeman & Adamson, 1984）。また、養育者は、乳児が注視する対象に自身の注意を合わせている際にモノのラベルを発することが多く（Abney et al., 2020; Adamson et al., 2004）、支持的共同注意は乳児の語意学習の機会となります。実際の親子の視線のやりとりと乳児の言語発達の関連を調べた研究では、養育者が乳児の注視の対象をモニタリングしつつ発話する傾向が高いほど、後の言語発達に関する得点が高くなることが明らかにされています（Abney et al., 2020; Adamson et al., 2004; Tomasello & Farrar, 1986）。他者の視線の情報は、乳児が養育者の発したラベルの参照物を特定することよりも、養育者が乳児の注視しているモノに合わせてラベルを発話するために活用されていることが多いようです。「視線のやりとりは親子の相互作用である」という視点に立ち返るならば、視線に対する乳児の感受性だけでなく、養育者の振る舞いにも研究の焦点をあてていく必要があるでしょう。

### 行為における他者の注意の冗長性

また、実際の親子間相互作用において、親子は視線のみを動かす存在ではありません。ジェスチャーや発声をしたり、手でモノを操作したり、歩きながら相手にモノを手渡したり――さまざまな身体部位を用いて環境と相互作用していく存在です。このような環境との相互作用において、私たちの姿勢やジェスチャー、手足の運動は、多くの場合、目下の活動に沿って、視線と整合的な関係を保ちつつ変化しています。たとえば、机の上にあるマグカップを手にとるという行為をイメージしてみましょう。マグカップを手でとろうとする際、私たちの上半身、頭部、眼球はマグカップに向けられ、腕はマグカップに対して弾道的な軌道を描くように伸びていき、手指の形はマグカップの取っ手の形に合わせて変化していきます。環境と相互作用するにあたって、行為者の上半身、頭部、腕、手指の変化にも、行為者が注視する対象への志向性が表出されていると言えるでしょう。

環境との相互作用において、身体の各部位は互いに協調しながらシステムとして動作しており、行為者の身体は行為の目標に関する冗長な情報を観察者に提供します。このため、実際の親子の相互作用において、乳児あるいは養育者が相手と視覚的注意を協調させる手段は、必ずしも眼球、頭部方向の顕在的な変化や指さしだけに限定されるわけではありません。近年、モノ遊び場面での親子の注視行動をウェアラブル型の視線計測装置を用いて記録・分析することによって、親子の共同注意は、相手の視線よりも手による行為に注意を向けることで成立することが多いことが明らかにされています（コラム５－１）。

**環境と相互作用する親子の視線を計測する**

手でモノを操作したり、歩きながら相手にモノを渡したりする――このような日常環境で普遍的に見られる乳児と環境との相互作用は、これまでの乳児の視線理解にかかわる能力・スキルを評価する研究では、ノイズとして取り除かれる傾向がありました。しかし、近年のウェアラブル型の視線計測装置は、親子が互いに能動的に環境と相互作用している状況における注視行動を記録・分析することを可能にします。これまでウェアラブル型の視線計測装置を活用した研究は、親子が環境と相互作用できる状況での視線のやりとりに、乳児の視線理解に関する能力・スキルだけでは説明できない特徴があることを明らかにしてきました。

ただ、残念ながら、ウェアラブル型の視線計測装置を活用した研究はまだ発展途上の段階にあり、ウェアラブル型の視線計測装置を用いたからといって、日常環境における親子の注視行動について、必ずしも鮮やかな結論を導き出せるものではありません。とくに、これまでの研究の多くは、親子が

## コラム5－1　手による行為を介した共同注意

近年の視線のやりとりに関する知見を支えている研究機材に、ウェアラブル型の視線計測装置があります。ウェアラブル型の視線計測装置は、眼球運動を計測するアイカメラがウェアラブルカメラ（コラム4－2参照）に備わった装置であり、ウェアラブルカメラに映る映像のどこを装着者が注視しているのかを記録することができます。従来のスクリーンベース型の視線計測装置は、モニターの前に乳児を対面して座らせる必要があり、乳児に可能な運動は大きく制限されていました。一方で、ウェアラブル型の視線計測装置では、乳児の位置・運動に制限がありません。乳児がモノを操作したり、部屋の中を歩いたりしている際の注視行動を記録できるようになったことで、実際の相互作用において親子がどのように注視行動を協調させているのか、多くの研究が進められてきました（Franchak & Yu, 2022; Fu et al., 2024）。

ユーとスミス（Yu & Smith, 2013, 2017a, 2017b）は、モノ遊び場面での親子の注視行動を分析し、親子の共同注意は、視線追従よりも、他者の手による行為を目で追うことで共同注意が成立することが多いことを明らかにしました。私たちがモノを操作する際、私たちの視線の先は操作するモノに向けられていることが多く（Johansson et al., 2001）、同時に、手による行為は、行為を観察する他者の注意を、行為の対象となるモノへと引きつけます（Flanagan & Johanson, 2003）。このため、親子のモノ遊び場面では、乳児が養育者の顔を滅多に注視しないにもかかわらず、手による行為を介して、親子が同じモノを同時に注視することが多く生じるようです。ユーとスミスの研究は、親子が身体各部位を協調させながら環境と相互作用すること自体が、明示的な視線手がかりの送受信がなくとも親子間の共同注意を可能にすることを示しています。

視線を介した共同注意とは異なり、手による行為を介した共同注意は、親子が注意を向けているモノを親子のどちらかが操作しているという特徴があります。このような共同注意場面において、乳児はモノに対する注意を持続する傾向があり（Yu & Smith, 2016; Suarez-Rivera et al., 2019）、共同注意場面での乳児の注意の持続性は、後の言語発達を予測することも報告されています（Yu et al., 2019）。共同注意と語彙発達の関連には、共同注意時に乳児のモノへの注意が持続することによって、乳児が注視しているモノとラベルが結びつきやすくなることが背景にあるのかもしれません。

近接してモノで遊ぶ場面での注視行動に焦点があてられてきました。日常生活においてモノ遊びは普遍的な場面ではあるものの（Suarez-Rivera et al., 2022）、日常的な親子の視線のやりとりを包括的に理解するうえでは、絵本の読み聞かせや食事場面など、より多様な場面設定をしながら視線のやりとりを記録・分析していく必要があるでしょう。

さて、第3章や第4章で見たように、歩行発達は乳児と環境、乳児と養育者との相互作用を大きく変化させるイベントです。乳児の歩行獲得によって、乳児は遠くのモノによりアクセスするようになり、遠くのモノを運搬して養育者と共有することが増加していきます（Karasik et al., 2011）。また、歩行獲得した乳児は、より多くの社会的働きかけを発し、養育者も乳児の行動に発話やジェスチャーで応答することが増加していきます（West & Iverson, 2021; Schneider & Iverson, 2022）。このように乳児と環境・養育者との相互作用が変化していくに伴い、親子の視線のやりとりはどのように変化していくのでしょうか？　このことを考えるうえで、重要になってくるのが、乳児の姿勢です。

## 3　歩行発達と親子の視線のやりとり

### 乳児の姿勢発達

乳児が歩行を獲得するプロセスにおいて、それまで主要な姿勢が四つ這い位と座位であった乳児は、立位という新たな姿勢を獲得していきます。乳児の姿勢発達はゆっくりと進み、ある日乳児が新規な姿勢をとれるようになったからといって、その姿勢が即座に主要な姿勢になるわけではありません。新規な姿勢は既存の姿勢のレパートリーに組み込まれ、身体の動かし方を再編していくなかで、乳児が新規な姿勢をとる時間は少しずつ増加していきます（たとえばThurman & Corbetta, 2020）。経験サンプリング法（ecological momentary assessment）という手法を用い、日常生活での乳児の姿勢の発達変化を分析した研究では、生後九カ月から生後一二カ月にかけて、乳児が四つ這い位をとる時間は一三％から七％に、座位をとる時間は三一％から三三％に、立位をとる時間は一三％から二二％に推移することがわかっています（Franchak, 2019）。平均的な乳児の歩行獲得が生後一二カ月頃であることを考慮すると、歩行発達に伴い、四つ這い位をとる時間は減少していき、立位をとる時間は増加していく傾向があるようです（コラム５－２）。

このような歩行発達の過程において、新規な姿勢の獲得は、乳児がアクセスする視覚環境にも変化をもたらす契機となります（Smith et al., 2018）。第３章で解説されたように、乳児の視野はその時々の姿勢と強い結びつきをもっています。歩行中の乳児の視野は、ハイハイ中の乳児に比べて、より高く・遠い場所が映る傾向があります（Kretch et al., 2014）。歩行獲得に伴い、立位をとる時間が増加して

## コラム5－2　日常環境における乳児の姿勢発達の評価

発達心理学の多くの研究において、乳児の姿勢発達は養育者の報告や研究者の直接観察に基づいて評価されてきました。しかし、研究者がリクルートした乳児を実験室で直接観察することができる時間には限りがありますし、日常生活での乳児の姿勢発達を理解するうえで、実験室でのデータは一般化の課題があります。また、日常生活での長時間のビデオ記録をとろうとするにしても、プライバシーの問題やコーディングにかかるコストが大きくなるといった課題が生じます。残念ながら、姿勢という基礎的な指標に至っても、日常生活における乳児の振る舞いを十分に評価できる方法論は確立されているといえません。ただ、近年では、日常生活における乳児の姿勢発達を効率よく評価するために複数の方法が提案されています。

経験サンプリング法は、スマートフォンなどを通して養育者に一定の時間間隔で通知を発信し、通知のタイミングにおける乳児の姿勢を回答してもらう手法です。養育者が回答することに伴うバイアスには留意する必要があるものの、回答の手軽さから日常生活における乳児の行動全般を評価するツールとして期待されています（Franchak, 2019; Franchak, Kadooka et al., 2024）。また、乳児の身体に直接加速度センサーを装着することで、日常環境での乳児の姿勢を評価しようとする試みもあります。フランチャク他（Franchak, Tang et al., 2024）は、乳児の足首と大腿部に加速度計を装着し、記録されたデータを機械学習の手法を用いて処理することで、乳児の姿勢を仰向け位、四つ這い位、座位、立位、養育者による抱きなどに精度よく分類できることを報告しています。乳児の姿勢・運動を評価するこれらの方法論は、日常環境での乳児の視覚入力（Smith et al., 2018）、言語入力（Warlaumont et al., 2022）、覚醒状態（Wass et al., 2019）を評価しようとするアプローチに与するものでしょう。将来、複数のセンサーや方法論を併用することで、これまで扱うことができなかった時間・空間スケールで乳児の振る舞いを評価することができるかもしれません。

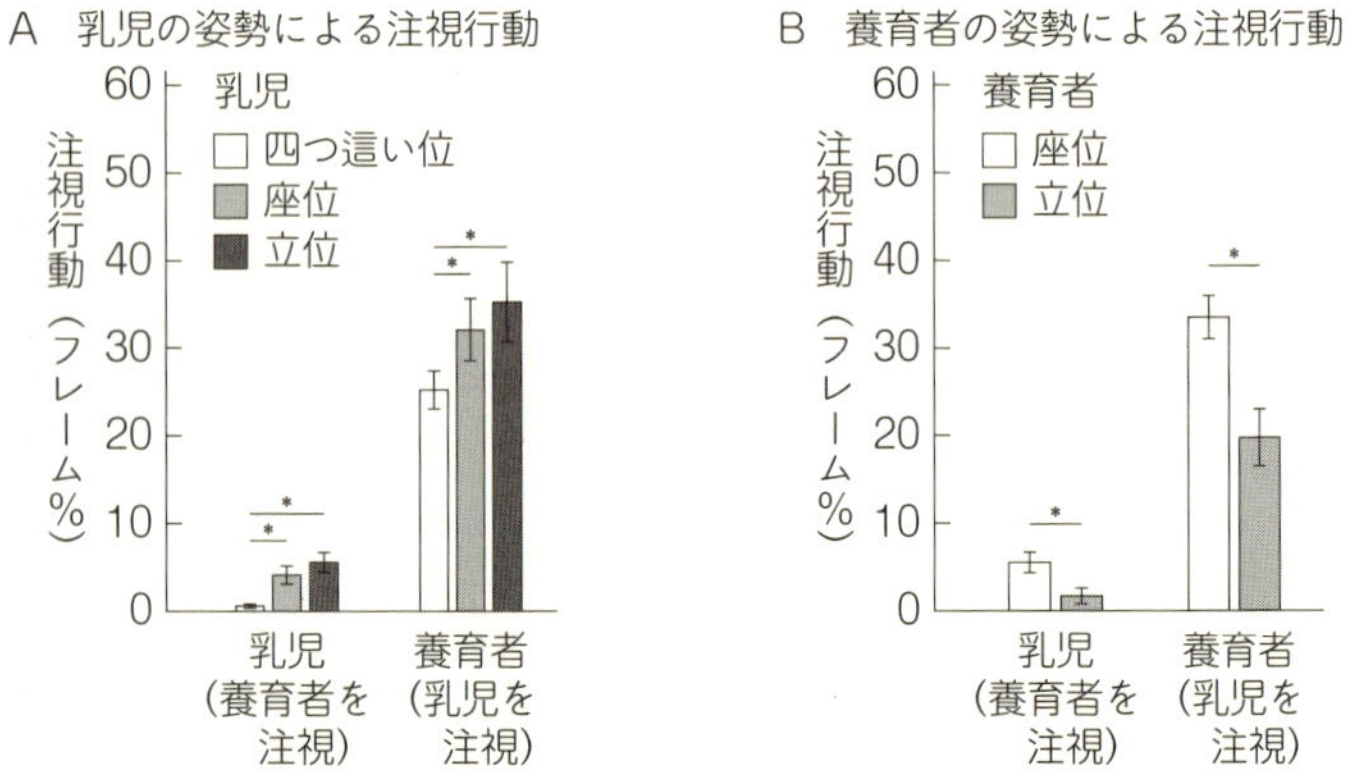


**図 5-2　親子それぞれの姿勢による，相手の顔への注視時間割合の変化**

（注）　$^{*}p < .05$。
（出典）　Franchak et al.（2018）より作成。

いくことは、親子のやりとりにおいて、親子の注視行動にどのような影響を与えるのでしょうか？

### 乳児の姿勢と顔への注視

フランチャク他（Franchak et al., 2018）は、ウェアラブル型の視線計測装置を用いて、生後一二カ月児とその養育者が実験室を自由に動きまわる場面で親子の同時視線計測を行いました。親子が部屋を動きまわる際、乳児や養育者の姿勢は刻一刻と変化していきます。親子それぞれの姿勢や、親子それぞれが注視していた場所をフレームごとにコーディングすることで、親子のリアルタイムな姿勢によって、親子双方の注視行動や視線のやりとりがどのような影響を受けるのかが分析されました。乳児の姿勢は四つ這い位、座位、立位のいずれかに、養育者の姿勢は座位、立位のいずれかにカテゴライズされました。

分析の結果、親子の相手の顔への注視行動の頻度は、親子それぞれのリアルタイムな姿勢によって変化していました（図5－2）。養育者が立位のときに比べて、養育者が座位をとるとき、親子が相手の顔を注視する割合はともに多くなる傾向がありました。また、乳児が四つ這い位のときに比べて、乳児が座位、立位をとるときも、親子が相手の顔を注視する時間割合は多くなる傾向がありました。四つ這い位の乳児が相手の顔を注視するには、頭部を上に大きく動かす必要がありますし、養育者が相手の顔を注視するには視界に乳児の正面顔が映りやすいような空間的位置関係にあることが重要です。親子それぞれの顔への注視行動は、それぞれの姿勢が相手の顔への視覚的アクセスに与える影響を反映するように（とくに乳児の場合は頭部を持ち上げる「運動のコスト」を反映するように）姿勢によって変化していました。フランチャク他（Franchak et al., 2018）の結果は、相手の顔への注視という、視線のやりとりの基盤となる行動が、親子それぞれの姿勢によって制約されていることを示しています。

### 乳児の姿勢と視線のやりとり

親子の姿勢が相手の顔へ注視行動を制約していることは、視線のやりとりにも影響を与えます。フランチャク他（Franchak et al., 2018）は、相互注視と共同注意についても、親子それぞれの姿勢がその生起に与える影響を分析しています。分析の結果、相互注視は、乳児が四つ這い位のときよりも座位・立位のときに、養育者が立位のときよりも座位のときに起こりやすい傾向がありました。また、共同注意は、乳児が四つ這い位・立位のときよりも座位のときに、養育者が立位のときよりも座位のときに起こりやすい傾向がありました。少なくとも相互注視については、乳児の四つ這い位はその生起を制約しており、乳児の視野が高い位置にあるときに、親子の相互注視は生じやすくなるようです。

## 4 歩行発達と視線のやりとりの生じる状況

フランチャク他（Franchak et al., 2018）の結果は、座位や立位といった乳児のそのときどきの姿勢によって、乳児の「頭部を動かすコスト」が変わり、顔への注視行動や視線のやりとりの起こりやすさが変わっていくことを示すものでした。ただ、私たちの生活に即して考えてみると、「頭部を動かすコスト」は必ずしも姿勢のみによって変わるものではないようにも感じられます。かりに、乳児が養育者の顔を見るという状況を、私たち大人が、奈良の大仏のような自分よりも高い位置にある顔を見ようとする状況に置き換えて考えてみましょう。もちろん、四つ這い位でいるより、立位でいる方が簡単に大仏の顔を視野に収めることはできるのですが、「大仏との距離」によっても、そのコストは変わってくるはずです。同じ立位であっても、大仏の真下にいるときと、大仏からある程度離れた位置にいるときでは、離れた位置にいるときの方が頭部をあまり上方向に動かさずに大仏の顔を視界に入れることができるでしょう。このように考えると、「姿勢」と同時に、「親子の対人距離」も、養育者の顔への注視行動や親子の視線のやりとりに影響を与える可能性が考えられます。歩行獲得後の乳児は、遠くにあるモノに関心をもち（たとえば Karasik et al., 2011）、親子が近接する機会は減少していきます（Chen et al., 2023）。歩行発達に伴って、乳児はより遠くから相手の顔を注視したり、親子の視線のやりとりはより遠い距離から行われたりするようになるのでしょうか？

筆者はこれまで、視線のやりとりの中でも相互注視に焦点をあて、日常環境で自由に動く親子の相互注視をウェアラブル型の視線計測装置を用いて記録・分析する研究を実施してきました（Yamamoto

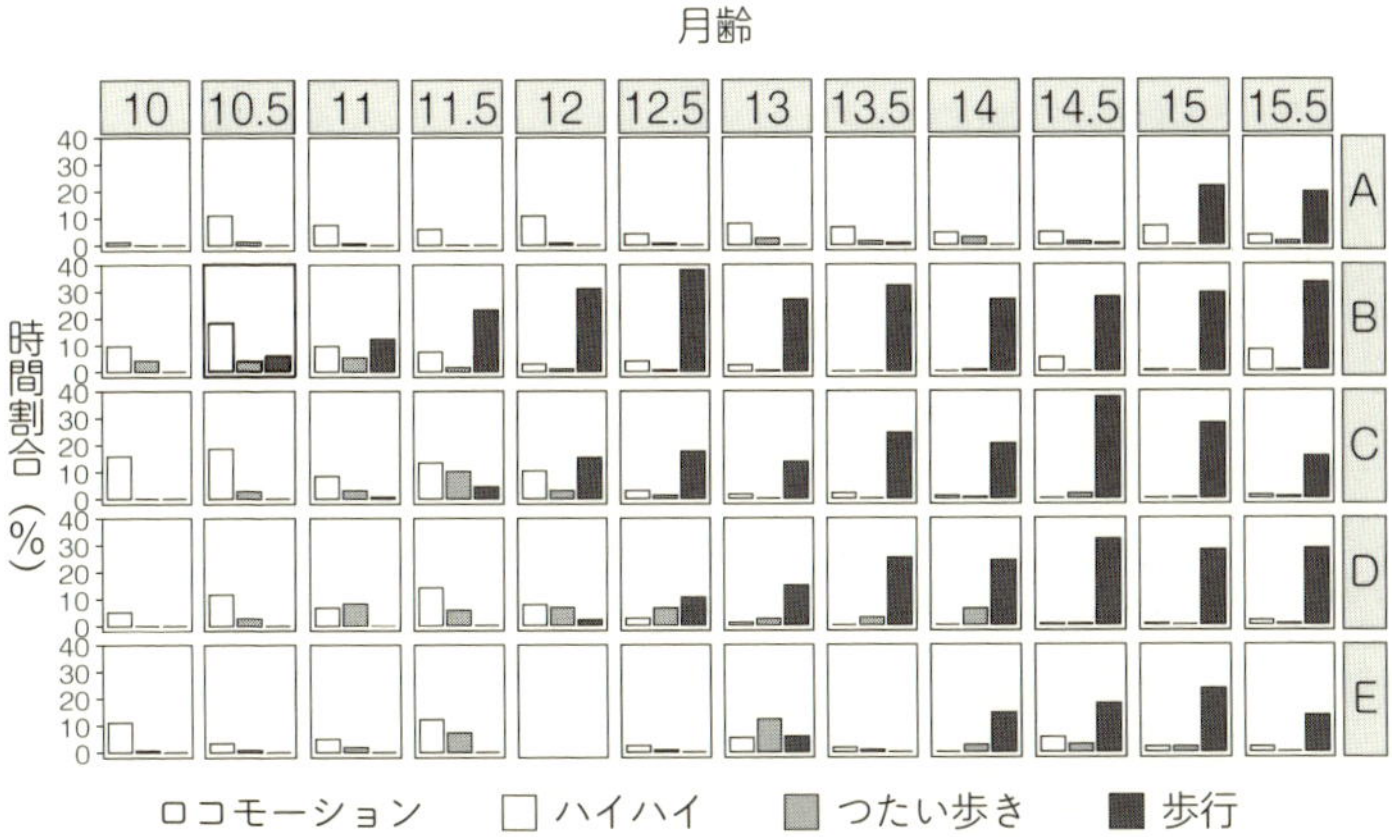


**図 5-3　乳児のロコモーションの発達変化**

（注）水平方向のサブプロットは5人の乳児（A ～ E）を，垂直方向のサブプロットは乳児の月齢を表す。各サブプロットの棒グラフは，ある観察日に乳児がとったロコモーションの時間割合を表す。

（出典）Yamamoto et al.（2020）より作成。

et al., 2019, 2020）。その中でも、親子の相互注視が生じる対人距離と乳児の歩行発達とのかかわりを調べた研究を次に紹介します（Yamamoto et al., 2020）。

### データの取得

筆者の研究は、五組の乳児を対象に乳児の家庭にて実施されました。データ取得は、一人の乳児を生後一〇カ月から生後一五・五カ月までの期間、隔週で訪問する縦断的研究の形式で実施し、毎回一時間半の親子の自由遊びの映像を記録しました。この時期は、乳児がロコモーションをハイハイから歩行へと発達させていく時期に相当します。各乳児について、一五秒ごとに移動の有無と移動の形式を「ハイハイ」「つたい歩き」「歩行」の三種類でカテゴライズしたところ、歩行獲得の時期に個人差はありつつも、どの乳児も観察期間の間に主要なロコモーションをハイハイから歩行へと発達させていました（図５－３）。このため、観察日ごとに、ハイハイと歩行の合計時間における歩行の時間割合を算出し、その値を乳児の歩行発達の程度を表す指標として扱いました。

### 視線のやりとりが起こる距離を測る

視線を用いた相互作用の特徴の一つは、触覚を用いた相互作用とは異なり、さまざまな対人距離でコミュニケーションを開始・展開することができることがあります。先行研究では、私たち成人は一〇m離れた距離からでも、他者の直視に気づくことができることが報告されています（Watt et al., 2007）（コラム５－３）。ただ、親子の自由遊び場面では、双方の姿勢が刻一刻と変わっていくように、親子の対人距離も親子それぞれの移動によって刻一刻と変わっていきます。このような状況で、親子の視線のやりとりと対人距離の関係を調べるには、①親子の視線のやりとりが起こったタイミングを特定し、②そのタイミングでの親子の対人距離を測定していく必要があります。

筆者の研究（Yamamoto et al., 2019）では、ウェアラブル型の視線計測装置を養育者に装着することで、親子で相互注視が起こった際の対人距離の推定を行いました。養育者に装着したウェアラブル型の視線計測装置では、養育者が視野のどこを注視しているのかがフレームごとに記録されています。研究では、まず、養育者の注視箇所と乳児の直視の有無をフレームごとに確認し、養育者が視野内の乳児の顔を注視しており、なおかつ視野内の乳児の顔が養育者を直視しているフレームを「相互注視」が生じたフレームとして定義しました（図５－４）。次に、該当フレームにおいて、フレーム内の乳児の顔のピクセルサイズの計測を行いました。親子が近くにいるとき、乳児の顔は養育者の視野に大きく映り、親子が離れているとき、乳児の顔は養育者の視野に小さく映ります。この性質を利用し、乳児

## コラム5－3　遠くからでも視線を検出しやすい、ヒトの目の形態

私たちヒトは、近縁霊長類の中でも特有の目の外部形態をもっています。多くの霊長類の強膜は色素で着色されているのに対し、ヒトの強膜は近縁霊長類で唯一、白色で水平方向に露出しています（いわゆる「白目」）（Kobayashi & Kohshima, 1997）。このようなヒトの白色強膜は、目の輪郭と瞳孔の視認性を高める効果があり、視線方向を強調するような形態となっているようです（Kano, Furuichi et al., 2022）。とくに、着色された強膜に比べて白色の強膜の目は、暗い場所や遠く離れた場所からの視線方向の検出が容易になることが明らかにされています（Kano, Kawaguchi et al., 2022）。個体が近接している状況だけでなく、対人距離が大きい状況でも視線のやりとりを可能にするように、ヒトの目の外部形態は特有の進化を遂げているといえるでしょう（Kano, 2023）。

近年のウェアラブル型の視線計測装置を用いた研究は、乳児が養育者の顔を注視することが少ないことから、視線手がかりの明示的な送受信によらない共同注意に関する知見が蓄積されてきました（たとえばYu & Smith, 2013）。しかし、多くの研究は、親子が近接したモノ遊び場面での視線計測に基づくものであり、親子の対人距離が大きい状況での視線のやりとりについては、十分な知見が蓄積されているとはいえません。筆者の研究では、親子が近距離にいるときよりも、ある程度離れた位置にいるときの方が、親子での相互注視が持続的に生起しやすいことが明らかになっています（Yamamoto et al., 2019）。相互注視が視線追従や共有注意を導くイベントでもあることを考慮すると、親子がある程度離れた位置にある方が、視線を介した共同注意や共有注意が生じやすい可能性も考えられるでしょう。親子の視線のやりとりを「対人距離」という観点で分析することは、人類進化の中で、白色強膜をもつことが親子のコミュニケーションや、乳児のケアにどのような影響を及ぼすものであったのか、理解するための一助になるかもしれません。

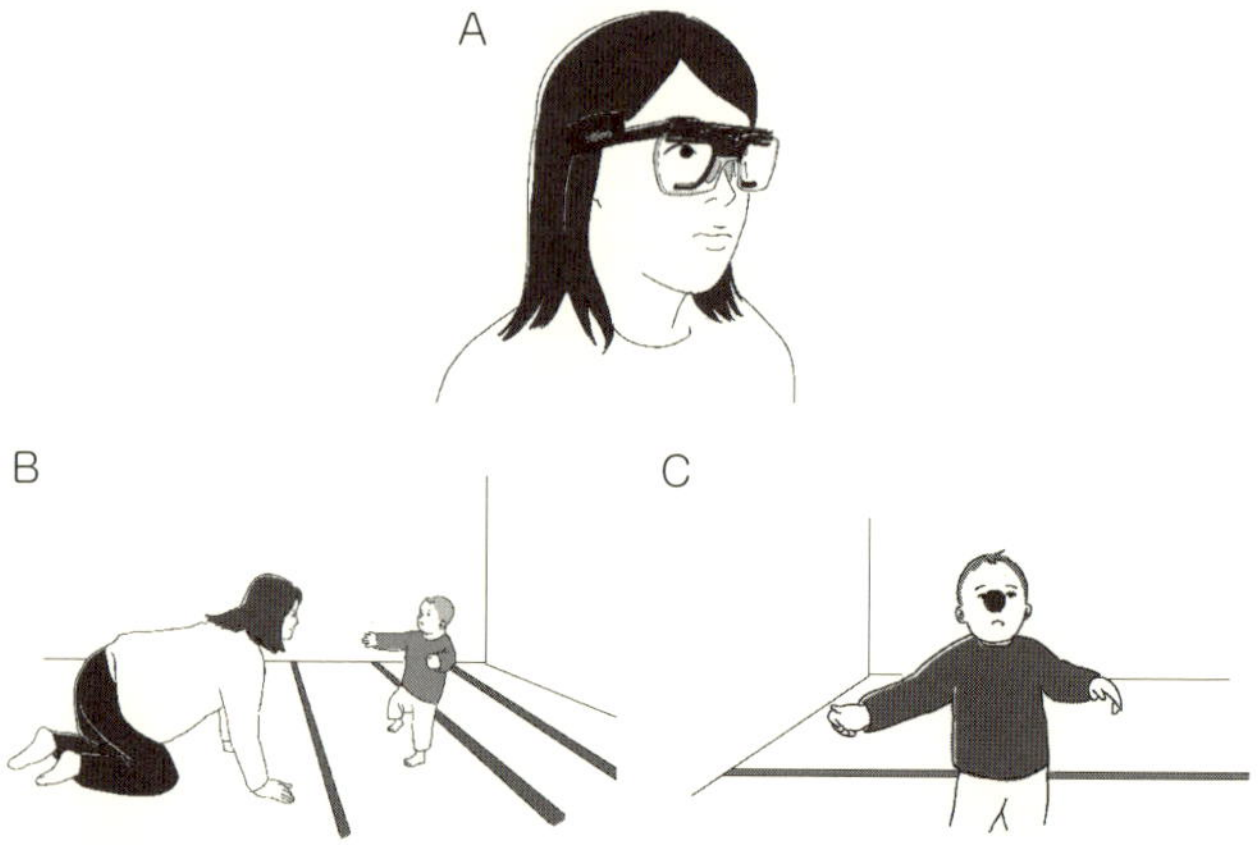


**図 5-4　筆者の研究における視線計測の実施状況――A：養育者にウェアラブル型の視線計測装置を装着した状態，B：親子の自由遊び場面を記録する，C：視線計測装置に記録される情報の一例**

（注）　視線計測装置は養育者の視野（の一部）と注視点（濃色の円）の座標を記録する。乳児の直視が確認でき，養育者の注視点が乳児の顔の内部にあるフレームを，相互注視として扱った。

（出典）　Yamamoto et al.（2019）より作成。

の顔のピクセルサイズと、観察日に計測した乳児の顔の実際のサイズをもとに、相互注視が起こった際の対人距離を推定しました。

## 視線のやりとりが生じる対人距離の変化

では、歩行発達に伴って、親子の相互注視が起こる対人距離はどのように変化するのでしょうか？　興味深いことに、相互注視が生じた際の対人距離と歩行発達との関連は、乳児と養育者のどちらが相互注視を先に働きかけたのかによって、異なる傾向を示しました。

相互注視の起こり方には、二通りのパターンがあります。一つ目は、乳児が先に養育者を注視し、養育者が乳児を注視し返すことで生じる「乳児先行

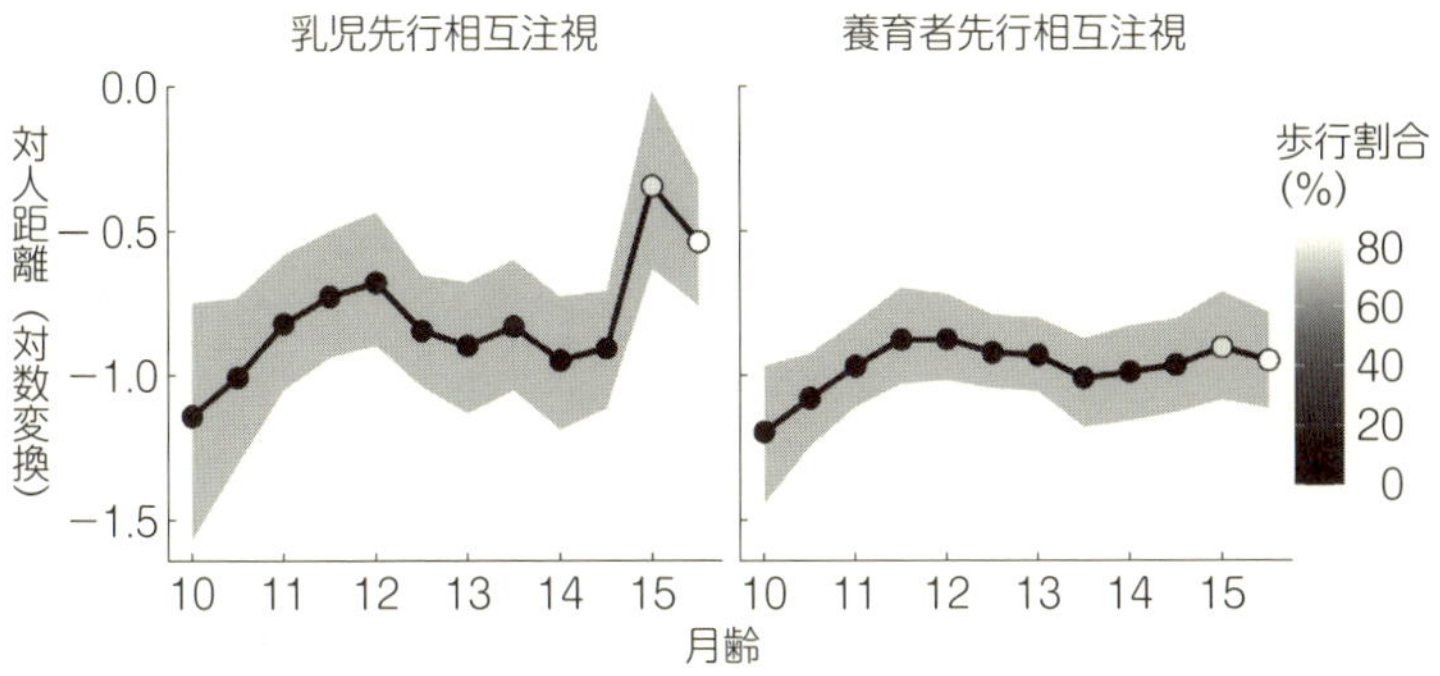


**図 5-5　代表的な親子の，相互注視生起時の対人距離の発達変化**

（注）左のサブプロットは乳児が養育者を先に注視して生じた相互注視（乳児先行相互注視）を，右のサブプロットは養育者が乳児を先に注視し生じた相互注視（養育者先行相互注視）を表す。ドットの色は，各月齢において，乳児が移動に歩行を用いた割合を，グレーの領域は 95％信用区間を表す。

（出典） Yamamoto et al.（2020）より作成。

相互注視」で、二つ目は、養育者が先に乳児を注視し、乳児が養育者を注視し返すことで生じる「養育者先行相互注視」です。分析の結果、乳児先行相互注視は、歩行発達に伴って大きな対人距離で生じるようになっていたのに対し、養育者先行相互注視については、生起時の対人距離に発達変化は見られませんでした（図5-5）。この結果は、乳児の歩行発達に伴って、乳児がより大きな対人距離から養育者と視線のやりとりをとろうとする傾向があることを示唆します。歩行中の乳児の視野により遠い対象が映ること（Kretch et al., 2014）を反映するように、歩行発達に伴って、乳児はより遠くから養育者の顔を注視しようとするようです。

乳児からの相互注視が歩行発達に伴ってより大きな対人距離で行われるようになることは、乳児の発達とどのように関連するのでしょうか？　考えられる可能性の一つは、養育者からの言語入力との関連です。冒頭の事例で紹介したように、乳児の直視は私たち成人の発話を導くことが知られています（Chang et al., 2016, 2019）。また、乳児の直視は社会的働きかけ（social bid）の文脈で生じることも多く、乳児の社会的働きかけに対して養育者は発話で応答する傾向があります（Bornstein et al., 2008）。要するに、乳児からの相互注視は養育者の発話を導き、親子のコミュニケーションを始動し、展開させていくきっかけになるわけです。このような相互注視が、歩行発達に伴ってより大きな対人距離から行われるようになることは、養育者の発話内容にも変化をもたらすかもしれません。第4章でも解説したように、乳児の社会的働きかけに対する養育者の発話内容は、乳児の歩行発達とともに変化し、「それを持ってきて」といった動作の指示がより多く発話に含まれるようになることが報告されています（Karasik et al., 2014）。歩行発達に伴って、養育者の発話に含まれる移動を表す語の頻度や動作語の多様性が増すこと（West et al., 2023）の背景には、親子のコミュニケーションがより広い空間で展開されるようになることがあるのかもしれません。

また、歩行発達に伴ってより大きな対人距離から相互注視が生じるようになることは、乳児がコミュニケーションに関する社会的スキルを学ぶ機会となるかもしれません。成人のコミュニケーションは、対人距離に合わせてジェスチャーや発話を調節させながら行われます（Gonseth et al., 2013）。日常生活を思い浮かべてもらうと理解しやすいかと思いますが、近くにいる他者に比べて、遠くにいる他者とコミュニケーションをとる際、同じ内容を伝える状況であっても、他者の注意を引きつけるように私たちはジェスチャーや発話をより大きく産出しています。歩行発達に伴って、乳児がより大きな対人距離で視線のやりとりを展開しようとすることは、対人距離に合わせて視線、ジェスチャー、音声などを協調させることを、乳児が学習していく機会となる可能性もあるでしょう。

## 5　課題と展望

本章では、乳児の歩行発達が親子の視線のやりとりにどのような影響を与えるのか紹介してきました。歩行発達に伴い、乳児が立位をとる時間は増加していき、乳児の視野により高く、遠い位置が映るようになります。このような視点の変化は、乳児が養育者の顔を注視する際にかかる「運動のコスト」を低減し、親子の相互注視が起こる頻度や状況を変えていきます。四つ這い位よりも視点が高い姿勢をとる際、養育者の顔への乳児の注視や親子間の相互注視は生じやすくなり、また、乳児の歩行発達に伴って、乳児からの相互注視はより遠くから生じやすくなります。近年の多くの研究は、親子が能動的に環境と相互作用できる状況において、乳児の視線理解に関する能力・スキルとは異なる要因が、親子の視線のやりとりに影響を与えることを報告してきました。乳児の姿勢は、そのような要因の一つであり、少なくとも親子の相互注視を制約し、発達とともに相互注視の変化を導いていくものであると言えるでしょう。

一方で、歩行発達と視線のやりとりの関係には、今後検討されるべき課題も残されています。課題の一つは、親子の相互注視がどのようなコミュニケーションを展開させていくのか、未解明であることです。歩行発達に伴って親子の相互注視に変化が生じることは明らかになったものの、社会的働きかけ、物体共有行動、養育者の発話など、発達カスケードの研究において扱われてきた一連の行動とどのような関連があるのかは、今後検討が必要なテーマでしょう。また、親子の相互注視が、たんなる相互注視に留まるものなのか、視線追従や共有注意のような他の視線のやりとりも導くものであるのかも検討していく必要があるでしょう。発達心理学の研究では、発話や発声、視線、ジェスチャー、モノとのかかわりといった多様なコミュニケーション・チャネルの中から、個々の研究者が一つあるいはいくつかの要素を専門として、重点的に研究を進めることが多々あります。しかし、歩行発達は、個々のコミュニケーション・チャネルに独立して作用するのではなく、親子が置かれた状況や活動に立脚しながら、個々のコミュニケーション・チャネルの協調のパターンを編成するように作用しているかもしれません。歩行発達に伴う親子のコミュニケーションの変化を理解するためには、乳児の状況・活動のマクロな変化とともに、複数のコミュニケーション・チャネルのミクロな協調のあり方にも目を向けていく必要があります。歩行発達に伴う親子のコミュニケーションの変化を包括的に理解しようとする試みは、歩行発達が言語発達を導く発達プロセス（Walle & Campos, 2014）を明らかにすることにも貢献するはずです。

ただ、言うは易く行うは難し。「親子が自由に空間を動くことができる」という状況において、複数のコミュニケーション・チャネルを同時に計測していくことは並大抵のことではありません。姿勢、対人距離、モノの位置関係などが親子の行動とともに刻一刻と変化していく状況で、親子それぞれの視線、発声、ジェスチャーなどをリアルタイムに記録していくことは、データ取得・解析の両面で高度なスキルを要求します。実験室での短時間の記録ならまだしも、日常環境での記録においてはこのハードルはさらに大きくなるでしょう。現状では、実験室で新規なコミュニケーション・チャネルの計測に取り組んだり、日常環境でその一般化可能性を検討したり、実験室と日常環境を往復するように研究は進められてきます。本章で紹介したウェアラブル型の視線計測装置を用いた研究も、そのような過程で発展してきたものです。コラムで紹介したような研究機器や解析アルゴリズムがブレイクスルーをもたらす可能性がありますが、今後も研究者自身が乳児の歩行発達を追いながら親子のコミュニケーションの全容を明らかにしていくことが重要でしょう。発達の現場で研究者が出会う、乳児の「見つめる視線」は、親子のコミュニケーションとその発達変化を理解するための、一つのカギとなるはずです。

# 第6章
# モノを見せる、渡す、指さすこと

外山紀子

日本では少子化が進行しています。しかし、保育園を利用する子どもの数は増加傾向にあり、ゼロ歳児でも約六人に一人の子どもが保育園を利用しています（二〇二二年時点、一七・五％、一四万四八三五人）（厚生労働省、二〇二二）。保育園で乳児は仲間と多くの時間をすごします。この環境の中でハイハイからつたい歩き、歩行へとロコモーションを獲得していくことは乳児の世界をどのように変えるのでしょうか。本書ではここまでおもに家庭場面を見てきましたが、第6章と第7章では保育場面を取り上げます。

第6章で検討するテーマは、乳児とモノとのかかわりです。より具体的には、乳児が他者にモノを見せること、渡すこと、指さすことを見ていきます。身近に乳児がいる方は少しの間、乳児を観察してみてください。ぬいぐるみをいじっていたかと思えば、次におしゃぶりをつかみ、それを捨てたら今度はリモコンをいじる……といった具合で、多くの時間をモノとのかかわりに費やしていませんか。大人のところにモノを持っていっては「ねえ、見てよー」と言わんばかりに「アーアー」と声を出すこともあるでしょう。

モノを見せる、渡す、受け取る、指さす等の行為は生後九カ月頃から見られるようになりますが、これは乳児の認識枠組みが二項関係から三項関係へと移行することによります。そこでまず、二項関係、三項関係について説明しましょう。

## 1　二項関係と三項関係

### 自己、モノ、他者

二項関係は自己とモノ、あるいは自己と他者という二者の関係を指します。モノでも他者でも二項関係はその対象と乳児（自己）との二者関係ですが、三項関係では自己、モノ、他者の三者がつながります。二項関係の場合、乳児はモノの性質を知ろうと思ったら、みずからそれに働きかけるしかありません。ガラガラをつかんだり振ったりなめたりして、「きれいな音が出るんだな」とか「不思議な揺れ方、するんだな」とかを知るわけです。これが三項関係になると、乳児は自分でガラガラに働きかけなくても、他者（たとえば養育者）を介してガラガラの性質を知るようになります。なぜなら、ガラガラへの注意を養育者と共有するので（共同注意）、養育者がガラガラを見てニコニコしていれば、その表情から「これは楽しいものなんだな」と推論できるようになるからです。

発達的にはまず二項関係があり、その後に三項関係が出現してきます。三項関係が成立すると、視線追従（養育者が見ている玩具を見て、乳児も同じ玩具を見ること等）や社会的参照（どう振る舞えばよいかわからない状況で、養育者の表情を見て、その手がかりを探ること等）、モノの交換（養育者に玩具を渡したり、受け取ったりすること等）、そして指さし（養育者に注意を向けてほしい玩具を指さしで示すこと等）等が見られるようになります。

**九カ月革命**

三項関係はいつ頃、成立するのでしょうか。ベイクマンとアダムソン（Bakeman & Adamson, 1984）は、乳児と母親、乳児と仲間の遊び場面を六～一八カ月齢まで縦断的に観察し、この期間中に「乳児がトラックを動かして遊ぶ」といった二項関係的かかわりが徐々に減ること、逆に「母親がトラックのおもちゃを動かしているのを見た後、自分もそのトラックを動かし、その後、母親とトラックを交互に見る」といった三項関係的かかわりが徐々に増えることを報告しています。

三項関係の成立時期については、実験的検討も行われてきました。その先駆的研究として、ドイツのマックス・プランク進化人類学研究所の所長であるトマセロの研究グループによるものが挙げられます（Carpenter et al., 1998）。九～一五カ月齢まで一カ月間隔で、共同的かかわり（実験者の顔とモノに、交互に注意を向ける）や視線追従、指さしの追従等、共同注意を見る課題を実施したところ、三項関係を示唆する何らかの行動が九カ月頃から認められるようになりました。トマセロは九～一二カ月の頃に三項関係が成立し、乳児は他者を、自分と同じように意図をもった存在として認識し始めるとし、この時期の変化を「九カ月革命」と呼びました（Tomasello, 1999）。その後の研究では、九カ月以前にも三項関係の成立を示唆するさまざまな行動が認められること、それらの行動に関連性・順序性があること（たとえば、Striano & Bertin, 2005; Striano et al., 2009）、さらに日常場面と実験場面の行動に関連があることも（Dunphy-Lelii et al., 2014）、報告されています。

ロコモーションの発達は個人差が大きいものですが、標準的には、ハイハイのように乳児が自力で移動するようになるのは、ちょうど「九カ月革命」の頃になります。一〇年ごとに実施されている乳幼児身体発育調査（厚生労働省、二〇一二）によれば、九〇％以上の乳児が四～五カ月で「首のすわり」を、六～七カ月で「ねがえり」を、九～一〇カ月で「ひとりすわり」と「はいはい」を、一一～一二カ月で「つかまり立ち」を、そして一年三～四カ月で「ひとり歩き」を獲得していました。本章では、三項関係の指標とされる三つの行動、すなわちモノを見せること（showing）、渡すこと（giving）、指さすこと（pointing）について、ロコモーションの発達との関連性を見ていきます。なお、乳児期のロコモーションに関する発達カスケードを保育場面のデータで検討した研究は、国内だけでなく国際的にもあまりないため、ここでは筆者の研究を主として紹介していきます。

## 2　観察を行った保育園

### 観察園の紹介

まず観察に協力してくださった保育園を紹介します。この園は都内にある私立保育園で、産休明けの乳児から五歳児（四月時点）までを保育していました。観察は約一週に一度の頻度で二年間、実施しました。ゼロ歳児クラスの定員は八名だったので、観察対象とした子どもは一年目も二年目もそれぞれ八名、合計一六名です。四月時点の平均月齢は八・三カ月（レンジ：三～一一カ月）でした。

各乳児についてハイハイ、つたい歩き、歩行を行っていた時期を図6-1にまとめました。A～Hは一年目に在籍していた乳児、I～Pは二年目に在籍していた乳児で、月齢順に並べてあります。各

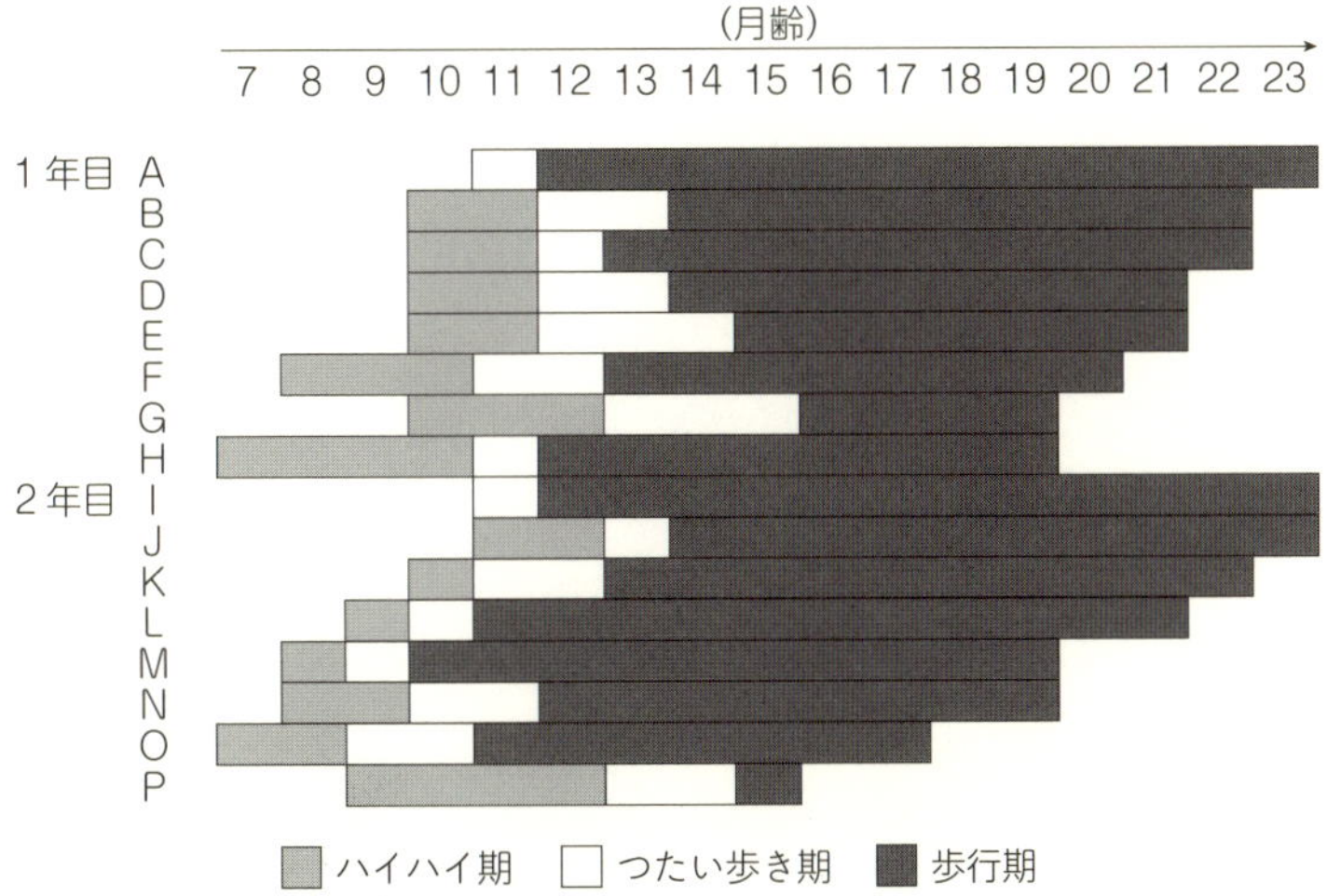


**図 6-1　各乳児のロコモーション時期の月齢**

時期の始まりは、保育室内にあった棚の幅（一・五m）以上の距離をそのロコモーションで連続して前進した日としました（ロコモーションの評定についてはコラム6－1）。歩行開始は一二カ月前後と言われますが、図からわかるように、かなりの個人差が認められます。最も早く歩き始めた子ども（M）は一〇カ月、最も遅かった子ども（G）は一六カ月と、約半年もの開きがありました。

保育士の配置基準（保育士一人が何人までの子どもを保育できるかを定めた基準）は国の基準でも自治体独自の基準でもゼロ歳児クラスは「保育士一人に対して子ども三人」が標準的ですが、この園では八名の乳児をフルタイム勤務の保育者三名と非常勤の保育者数名が保育していました。観察は午前中の自由遊び時間に行い、保育室の高い位置に設置した小型カメラ二台から子どもたちの様子を撮影しました。保育室は着替え、食事、午睡、遊び、手洗いスペースに分かれており（図6－2）、遊びスペースにはスタッキング（積み重ね）カッ

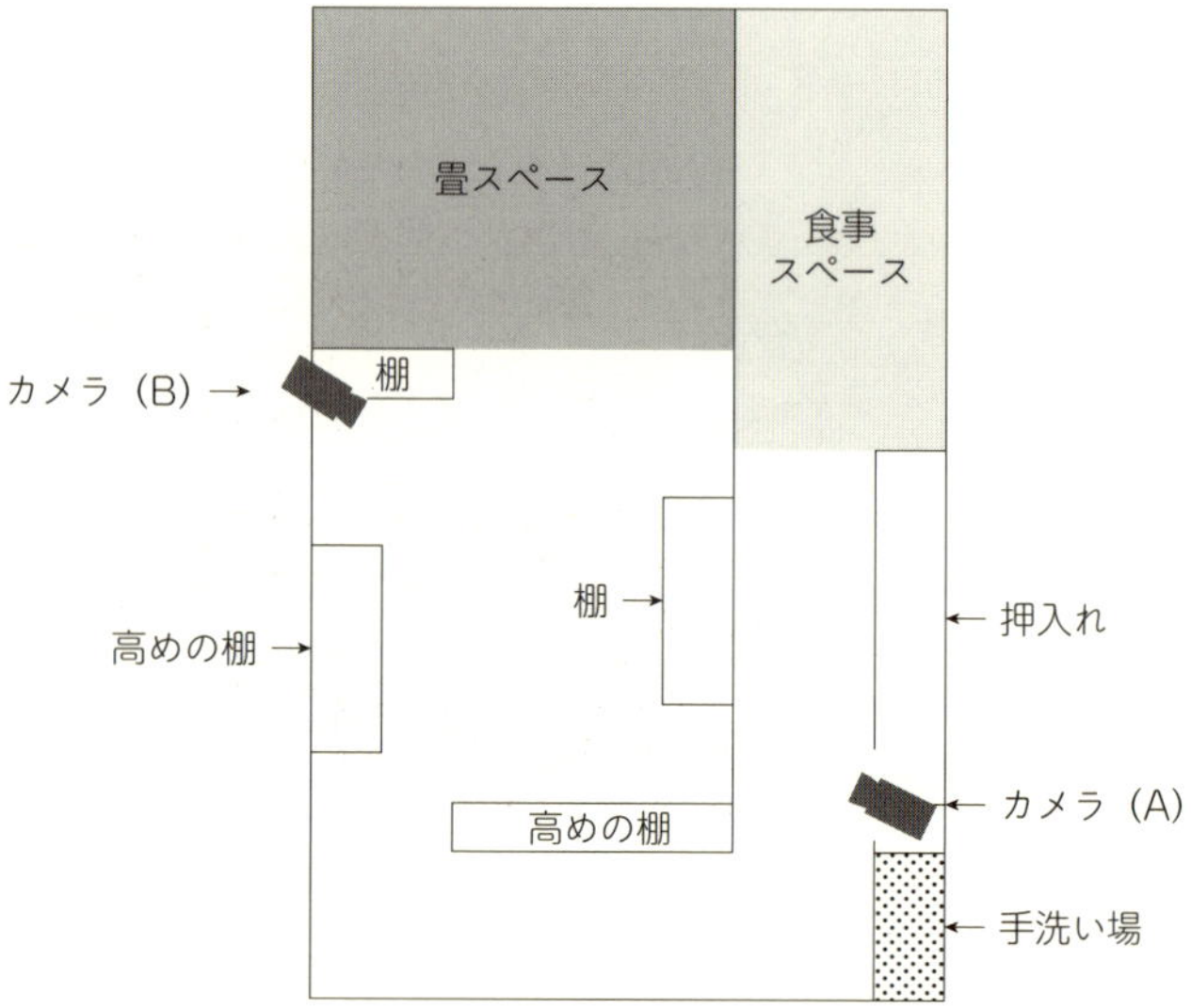


**図 6-2　保育室の平面図とカメラの設置位置**

プやボール、ワイヤーボール、ハンドパペットといった市販の玩具も、ハンドクリームの空容器や穴を空けたビニール製のケース等、生活用品を加工した手づくり玩具もありました。子どもの発達状況に応じて、年度の途中でままごと道具や型はめパズル等が加えられることもありました。

## みんなのモノ、みんなの養育者

家庭と保育園では、乳児を取り巻く他者とモノの特徴が異なります。家庭では養育者（親）ときょうだい等、乳児の周囲にいる他者はごくわずかですが、保育園では同年齢や年上の仲間たち（園によってはかなり多くの仲間）、そして複数の保育者と、乳児は多くの他者に取り巻かれています。仲間は大人（養育者、保育者）と違って乳児の意図をくんだり先読みしたりはしてくれないので、その質も大人と大きく異なります。その大人も、保

## コラム6－1　移動距離の計測

乳児が移動した距離を測定する方法として、市松模様のフロアマットを敷いた部屋で観察を行う方法があります。クリアフィールド（Clearfield, 2011）は、広さ四二㎡（約二六畳）の部屋の一部のコーナー（三m×三m）に市松模様（一マスは三〇cm×三〇cm）のフロアマットを敷きました（図コラム6－1－1）。フロアマット二辺は壁に接していますが、接していない他の二辺には乳児がフロアマットの外に出ないよう、テーブルを置きました。マットの上には、乳児の注意をひきそうなブロックやぬいぐるみ、おもちゃのハンマー、工具セットといったおもちゃを置き、部屋の壁には鮮やかなポスターを貼り、乳児が楽しくすごせる環境をつくります。そしてこのフロアマット中央に乳児を置き、一〇分間、自由に遊んでもらいました。

**図コラム 6-1-1　移動距離の測定**

移動距離はどのように計測するかというと、乳児がいくつのマス目を移動したか数えていくのです。マス目の数を数えるだなんて、なんて原始的な方法かと思われる人もいるかもしれませんが、研究は意外とこうした地道な作業で成り立っています。歩行獲得前のまだハイハイ段階にあった九～一一カ月児は一〇分あたり平均三〇個のマス目を、そのハイハイ児を歩行器に載せた場合には平均二八個のマス目を移動しました。同程度の月齢ですが、すでに歩き始めていた九～一二カ月児の移動個数は平均一一一個でした。歩行がいかに乳児の移動距離を伸ばすのかがよくわかります。

図 6-3　保育者を取り合う

育園では各乳児の専属ではないので（きょうだいがいる場合、家庭でもそうですが）、乳児は多くの仲間と大人（保育者）の注意・関心を奪い合う関係にあります。仲間は共に遊ぶ相手であると同時に、競争相手でもあるのです（図６－３）。

モノについてはどうでしょうか。保育室内のモノは保育という視点から見て、乳児期にふさわしい玩具が配置されており、テレビのリモコンや掃除機といった生活用品、尖ったペンや薬といった危険なモノは注意深く避けられています。しかし保育園の玩具は「みんなのモノ」であり、それぞれの子どもに所有権があるわけではありません。先に使用している子どもに占有権があることが多いものの（「〇〇ちゃんが先に使ってたよ」）、長時間にわたる占有はよしとされません（「そろそろ△△ちゃんにあげようか」）。

家庭や実験場面の研究では、歩行をきっかけとして乳児は近くにあるモノだけでなく遠くにあるモノを手にとるようになること（Dosso & Boudreau, 2014）、それらを頻繁に運ぶようになること（Karasik et al., 2011, 2012）が報告されています。前述のように家庭場面と保育場面では乳児の周囲にいる他者とモノにさまざまな違いがありますが、先行研究

図 6-4　モノを持って移動する

同様の発達的変化が認められるのでしょうか。

## 3　モノを見せること、渡すこと

### モノを持つこと、運ぶこと

乳児は一日の多くの時間、手にモノを持っていますが（図６－４）、家庭場面を観察した研究では（Karasik et al., 2011）、その時間は観察時間全体の約半分に上りました。このことは保育場面でも同様で、乳児の手がモノと接触していた時間は観察時間全体の四七％（ハイハイ期）、四八％（つたい歩き期）、五八％（歩行期）でした（詳細は Toyama, 2020）。そしてモノを手にとった回数は、六〇分あたりハイハイ期では平均二六・二回、つたい歩き期では二三・三回、歩行期では一九・七回でした。

手がモノに接触していた時間、そしてその回数については、ロコモーションの時期による差は認められませんでしたが、ロコモーションの発達とともに変化したこともありました。まず、乳児は近くにあるモノではなく、わざわざ移動しないと届かないモノを持つことが多くなりました。

図 6-5　モノを見せる

モノを手にとったエピソードのうちその直前に移動した（遠くにあるモノを手にとった）比率は、ハイハイ期では五七％でしたが、つたい歩き期になると七七％、歩行期になると八六％にもなりました。もうひとつ、モノの運搬も頻繁になりました。乳児がモノを運んだエピソードの比率はハイハイ期ではわずか七％でしたが、つたい歩き期では一七％になり、歩行期では四一％になりました。これらの変化は家庭場面でも報告されています（Dosso & Boudreau, 2014; Karasik et al., 2011, 2012, 2014）。

**二項関係的かかわりと三項関係的かかわり**

ロコモーションの発達とともに、三項関係的かかわりも多くなりました。二項関係的かかわりは乳児が他者とモノへの注意を共有することなくモノとだけ、あるいはモノを持ちながら他者とだけかかわること、三項関係的かかわりは乳児がモノへの注意を他者と共有しながらモノとかかわること（図６－５）ですが、下位カテゴリーの定義を表６－１に示しました。なお、ここでは乳児とモノとのかかわりを見ていますので、乳児と他者との二項関係は分析対象

**表 6-1　二項関係的かかわり，三項関係的かかわりのカテゴリー**

| | |
|---|---|
| 二項関係的かかわり | |
| (a)　相互交渉なし | ひとりでモノをいじる |
| (b)　共有なし見る | モノを手に持つが，それを他者と共有することなく他者を見る |
| (c)　共有なし相互交渉 | モノを手に持つが，それを他者と共有することなく他者と笑い合う等の相互交渉を行う |
| 三項関係的かかわり | |
| (d)　モノを見せる，渡す | モノを他者に見せる，渡す，モノを受け取る |
| (e)　行為を見せる，要求する | モノを操作している自分の行為を他者に見せる，あるいは他者にモノを操作することを要求する |

から除いています。

図６－６に、ロコモーションの各時期において二項関係的かかわり、三項関係的かかわりがどの程度認められたのか、各カテゴリーの平均比率を示しました。二項関係的かかわりのうち「共有なし相互交渉」は時期差がなかったものの、二項関係的かかわりはハイハイ期から歩行期になるにつれ減り、逆に三項関係的かかわりは増えることが読み取れます。なお、三項関係的かかわりの相手の多く（八〇～九〇％）は保育者で、この点について時期差は認められませんでした。

この結果はロコモーションの発達が三項関係への移行と関連することを支持します。しかし月齢が上がれば、運動機能だけでなく認知機能も社会情緒的機能も発達するのですから、「難しいこと」ができるようになることはある意味では当然かもしれません。そのため、両者の関連性を示す証拠としては決定打に欠けるという見方もできます。そこで、各乳児についてハイハイ期最後の観察回とつたい歩き期最初の観察回、つたい歩き期最後の観察回と歩行期最初の観察回を比較することにしました。乳児によってハイ

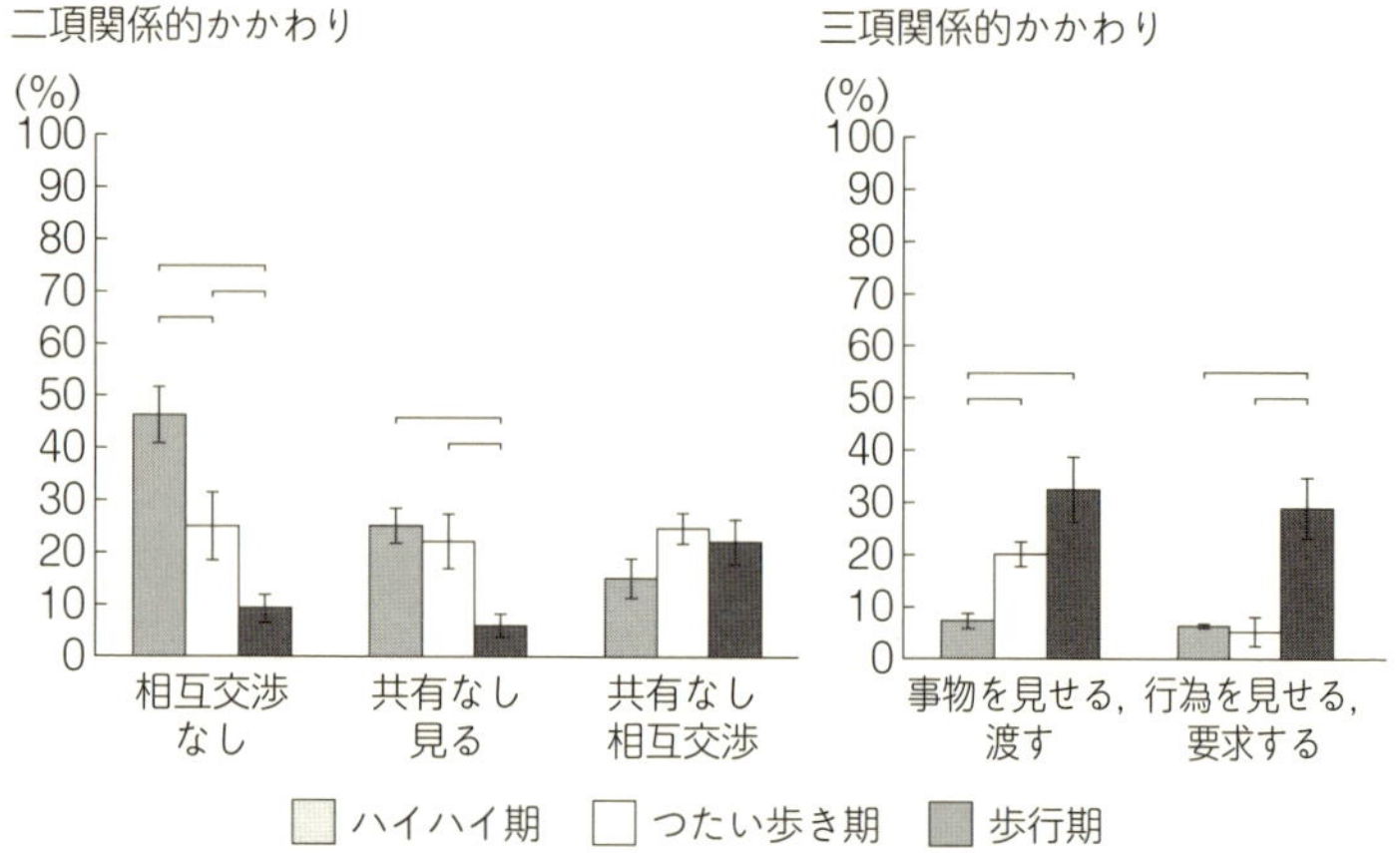


**図 6-6　各時期における二項関係的，三項関係的かかわりの平均比率**

（注）　エラーバーは標準誤差。

（出典）　Toyama（2020），Figure 3 より作成。

ハイ、つたい歩き、歩行を獲得する月齢はさまざまであるうえに、たった一週間か二週間の間隔しかない観察回で比較するので、よほどの変化がなければ差は認められないはずです。その結果、つたい歩きの獲得前後では、二項関係的かかわりである「相互交渉なし」が減り、「共有なし相互交渉」が増えること、歩行の獲得前後では、三項関係的かかわりである「行為を見せる、要求する」が増えることが示されました。「共有なし相互交渉」がつたい歩きを機に増加したことについては解釈が難しいのですが、他の二点は、ロコモーションの発達とともに二項関係的かかわりが三項関係的かかわりに移行していくという変化を支持しています。

### 何度もかかわる、相手を変える

歩行の獲得をきっかけとして三項関係的かかわり（social bid：社会的働きかけ）が増えることは、家庭場面や実験場面の研究でも報告されています（Karasik et al., 2011 等）。一方、これまでに報告されていない変化もありました。

まず、乳児はロコモーションの発達とともに、三項関係的かかわりを繰り返すようになりました。「保育者に近づいていきカップを見せ、その後、いったん保育者のそばから離れたものの、再び保育者に近づき、カップを見せたり渡したりする」といった行動が増えていったのです。三項関係的かかわりのあったエピソードのうち、それが繰り返されたエピソードの平均比率（三項関係継続率）はハイハイ期では一八％でしたが、つたい歩き期では三六％、歩行期では五一％になりました。

乳児はなぜかかわりを繰り返すのでしょうか。最初に相手が応じてくれなかったから、そのリベンジとしてかかわりを繰り返すのかもしれません。この可能性を検討するために、最初に相手が応じてくれたエピソード、応じてくれなかったエピソードの各場合について三項関係継続率を算出しましたが、両者に違いはありませんでした。三項関係的かかわりはそれ自体が楽しいことで、だから相手が応じてくれた／くれなかったにかかわらず、何度も何度も（しつこいほどに）、カップを見せにいったり渡しにいったりするのでしょう。

もう一つの変化は、三項関係的かかわりを繰り返す際にかかわる相手を変えるようになったことです。これは多くの他者に囲まれている保育場面ならではの変化といえます。たとえば、「保育者Aにカップを見せにいく。保育者Aが応じると、今度はそのカップを持ったまま保育者Bに近づいていき、保育者Bにカップを渡す」といった行動が増えていきました。三項関係的かかわりが継続した際、その相手が異なっていたエピソードの平均比率はハイハイ期では一九％でしたが、つたい歩き期では三四％、歩行期では六五％となりました。

ハイハイもつたい歩きも歩行も、移動手段であることに変わりはありません。しかし歩き始めると移動距離が伸びること、移動速度が速くなること、手が移動手段から解放されること等からモノの運搬が容易になり、それが三項関係的かかわりの繰り返しへとつながったのかもしれません。その際、乳児はなぜ相手を変更するようになったのでしょうか。乳児が保育者にモノを見せたり渡したりすると、保育者はニコニコと笑い返したり、モノを受け取って「ありがとう」と声をかけたり、「すごいね」と乳児をほめたりします。乳児はこうした反応を他の保育者にも求めて、かかわる相手を変えたのかもしれません。

**移動が他者をつなぐ**

乳児がかかわりを繰り返すようになること、その際、かかわる相手を変えるようになることは、クラス全体の相互交渉にも変化をもたらしました。たとえば、次のようなエピソードが認められました。

乳児Aはカップを叩いて音を出しながら、保育者Aに近づく。保育者Aは「あら、いい音ね！」と声をかける。乳児Aはニコニコ笑う。しばらくすると、乳児Aはカップを叩きながら保育者Bに近づいていく。保育者Bは別の乳児とかかわりながら、乳児Aに「すごいね、いい音出るね」と声をかける。この場面を見ていた乳児Bは、手に持っていたままごと道具を叩いて音を出す。すると保育者Aは、乳児Aと乳児Bを見ながら、「あら、こっちからもそっちからも、いい音が！」と声をかける。

乳児Aが移動しながら複数の他者と連続的なかかわりをもつことにより「モノを叩いて音を出す」

という行為が伝播し、複数の乳児が同じ遊びを共有して楽しんでいるかのような状態がつくり出されていったのです。歩行は他者と他者をつなぐ役割を果たすことがわかります。

さて、ここまでモノを見せること、渡すことを中心として、歩行の獲得と三項関係的かかわりの関連性を見てきました。次に取り上げるのはモノを見せる、渡すと同様、三項関係の指標でもある指さしです。

## 4　指さし

### 要求、叙述、情報提供の指さし

指さしは歩行と同じように、ヒトを特徴づけるものです。長時間にわたって直立二足歩行する動物はヒトだけですが、人さし指を立てて指す行為、すなわち指さしもヒトにしか見られません。ただし、飼育下のチンパンジーについては、ヒトの指さしを理解したり手さし（腕や手全体を伸ばす）を行ったりすることが報告されています（Leavens et al., 2005）。

ヒトの乳児が指さしをするようになるのは、生後一一～一二カ月頃、つまり歩き始める頃ですが（図6－7）（Carpenter et al., 1998）、指さしにはいくつかの種類があります。要求の指さし（imperative pointing）、叙述の指さし（declarative pointing）、情報提供の指さし（informative pointing）です（大藪、二〇二〇）。要求の指さしは欲しいものをとってもらいたいときの指さしで、「保育者を見ながら高い棚の上にある絵本を指さすと、保育者が絵本をとって乳児に渡し『絵本、読みたかったのね』と声をかける」といったときの指さしです。一方、叙述の指さしは対象への注意を相手と共有することを意図し

図6-7　指さし

た指さしです。「散歩の途中でイヌを見つけた乳児が保育者を見ながらイヌを指さすと、保育者が『あらあら、ワンちゃんだ』と声をかける」ときの指さしが、これにあたります。おそらくこの乳児はイヌを指さすことで、「ねえ、見てみて、イヌがいるよ」と伝えたかったのでしょう。情報提供の指さしは、「キョロキョロしながら『あれー、ボールはどこに行ったかな……』と発話している保育者を見ながら、ボールが落ちている場所を指さす」ときの指さしです。乳児は保育者の行動から「ボールを探しているのだな」という意図を読み、指さしによってボールの場所を教えたかったのでしょう。

右記三種類の指さしはいずれも対象への注意を他者と共有する社会的な指さしですが、社会的性質を帯びない指さしもあります。「棚のぬいぐるみを見て、ぬいぐるみを指さしながら近づいていく」というように、まるでひとりごとを言っているかのような、コミュニケーション機能をもたない指さしです。宮津（二〇一八）は、これを「ひとり（一人）指さし」と呼びました。他者の顔を見る、他者に笑いかけるといった他者へのかかわりがない点で、非社会的な指さしともいえるでしょう。非社会的な指さしは要求、叙述、情報提供等の社会的な指さしよりも前に、具体的には六～七カ月までには認められるようになります（Carpendale & Carpendale, 2010; Paulus et al., 2023）。

**指さし研究の方法**

指さしは言語獲得へと向かう重要な通過点であること（Colonnesi et al., 2010）から、多くの研究が行われてきました。その方法としては養育者（母親）に記録を求める日誌法（Carpendale & Carpendale, 2010; Paulus et al., 2023）、指さしの理解や産出を求める実験法（Behne et al., 2012; Desrochers et al., 1995）、指さしが生起しやすい状況をつくり（たとえば、ポスター等を壁に貼ったデコレーテッド・ルーム；コラム６－２参照）、行動を観察する実験観察法（Kishimoto, 2017; Liszkowski et al., 2012; Liszkowski & Tomasello, 2011）等があります。しかし、自然観察法に基づく研究はほとんど行われてきませんでした。その理由の一つは、自然場面では指さしがあまり認められないことがあります（Paulus et al., 2023）。宮津（二〇一八）は保育園ゼロ歳児クラス（九名）の自由遊び場面を縦断的に二二回（一回あたり六〇分）観察し、合計二八六回の指さしが認められたと報告しています。この回数をひとり六〇分あたりに換算する（欠席を反映させて計算）と一・八回になります。自然観察ではこの程度の頻度でしか指さしは出現しないのです。

しかし指さしは相手のあるコミュニケーションの一部ですから（ひとり指さしは除くとして）、前後の文脈が指さしに大きな影響を与えているはずです。大藪（二〇二〇）は次のようなエピソードを紹介しながら、「場の中にある一連の行動の流れとして」（二六頁）指さしを分析する重要性を指摘しています。

## コラム6−2　装飾された部屋（デコレーテッド・ルーム）

本文で述べたように、乳児は自然場面ではさほど頻繁に指さしを行いません。そのため、指さし研究では乳児が指さししたくなるような環境を用意し、行動を観察することがあります。図コラム6−2−1は岸本の研究（Kishimoto, 2017）で使われた、「乳児が指さししたくなるような」環境であるデコレーテッド・ルーム（decorated room）、直訳すれば「装飾された部屋」です。これはリツコウスキ他（Liszkowski et al., 2012）で使われた実験室を再現したものです。

広さ三三㎡（約一八畳）の部屋の壁には三四種類のポスター（動物や車の絵をカラー印刷したもの）を貼り、テーブルの上には一一種類の玩具（人形や車、ブロックなど）を置きました。この部屋に養育者と乳児を案

**図コラム 6-2-1　指さし研究で使われる装飾された部屋**

（出典）　Kishimoto（2017）の資料より作成。

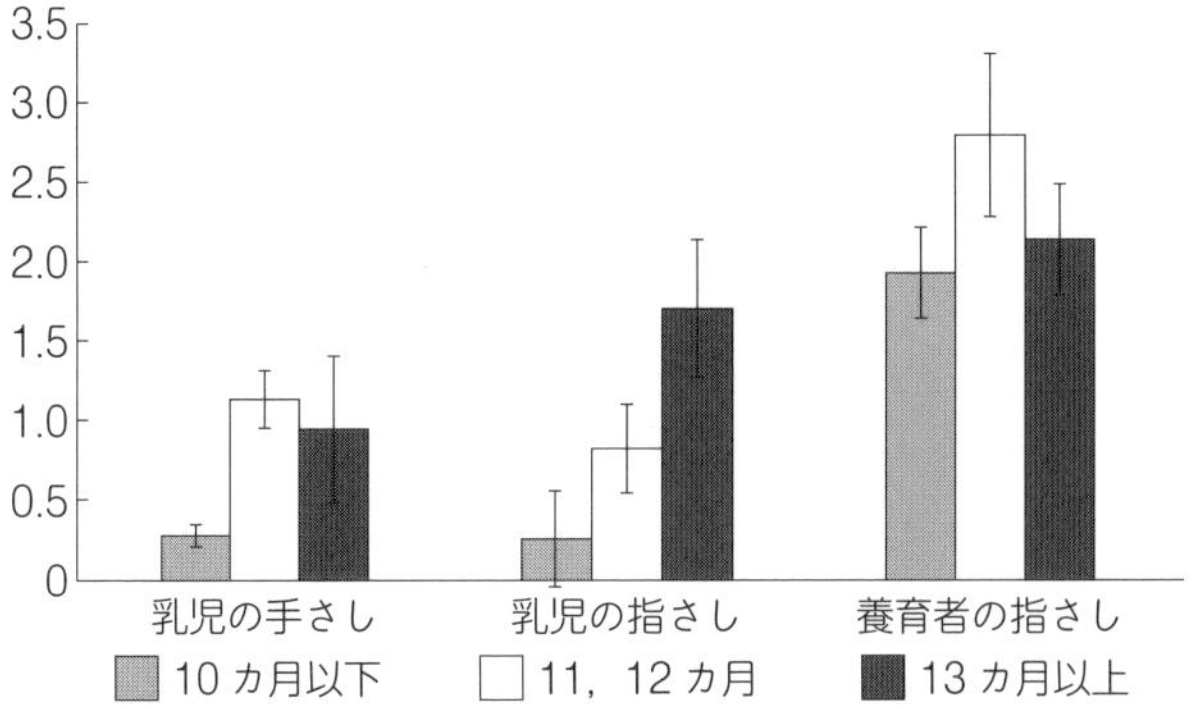


**図コラム 6-2-2　月齢群別の手さし，指さしの頻度（1 分あたり）**

（注）　エラーバーは標準誤差。

（出典）　Kishimoto（2017）より作成。

内し、養育者にいつものように乳児とかかわってほしいこと、ただしポスターや玩具にはなるべく触らないでほしいことを伝え、二人だけの様子を五分間、部屋の二つのコーナーに設置したカメラで撮影しました。

三つの月齢群（一〇カ月以下、一一・一二カ月、一三カ月以上）の乳児が手さし（指を立てずに、手全体でさす）、指さしをした頻度、養育者が指さしをした頻度（いずれも一分あたり）を図コラム６－２－２に示しました。

乳児の手さしも指さしも、一〇カ月以下児より一一・一二カ月児と一三カ月以上児において多いことがわかります。トマセロは「九カ月革命」と言いましたが、やはりその頃が三項関係への移行期であることが読み取れます。この研究では、初回観察の約半年後に二回目の観察が行われました。その結果、初回観察において乳児の指さし直後（六秒以内）によく指さしをした養育者の乳児ほど、二回目の観察でよく指さしを行うことが示されました。養育者の指さしは乳児の指さしを促す働きがあるようです。

「指さしを母親に無視された15ヶ月児は、『ウン、ウン』と言いながら指を指し、物に接近して行きまた指さしをする。それから母親のところに歩いて戻り、その顔を見て微笑みながら『ウン、ウン』と言い、振り返ってもう一度指さしをする。」（二六頁）

このエピソードは、三項関係継続率の分析で紹介したエピソード（カップを何度も持っていく）を想起させます。モノを見せること、渡すことについては、ロコモーションの発達とともに増えること、移動とセットになること、そしてモノを手に持った乳児が歩きまわることで複数の他者がつながっていく等の変化がありました。指さしの実験観察研究では、母親に乳児を抱かせた状態で観察を行うことが多く（たとえば、Liszkowski et al., 2012; Liszkowski & Tomasello, 2011）、乳児は自由に移動できません。そのためこれまでの研究では、ロコモーションとの関連性や前後の文脈について十分な検討がなされてこなかったのです。

## 5　指さしとロコモーション

### 指さしの定義

では、指さしとロコモーションの発達との関連性を見ていきましょう。まず、ここでの指さしの定義を示します。指さしは乳児（子ども）が人さし指を立てて対象を指さす行為ですが、これまで多くの研究では、社会的指さし（要求、叙述、情報提供の指さし）の定義に指をさすだけでなく、相手を見ること、相手と対象を交互に見ること（交互視）を含めていました（たとえば、Paulus et al., 2023）。相手に視線を向けることとは、乳児が対象への注意を相手と共有したいとする意図を明確に示すものです。そのため、指さしだけでなく視線も必要だと考えられてきたのでしょう。しかし、相手を見ながらの指さしが出現するまでには、多様な指さしの形態があるはずです。

共同注意（対象への注意を相手と共有すること）については、大藪（二〇二〇）が、他者に視線を向けながら他者と同じ対象に注意を向ける「意図共有的共同注意」の前に、「前共同注意」（誕生～）、「対面的共同注意」（二カ月～）、「支持的共同注意」（六カ月～）という三種類の共同注意があると指摘しています。「意図共有的共同注意」の前に出現する「支持的共同注意」は、相手からの支持を得て、乳児による視線行動なしに成立する意図の共有で、ベイクマンとアダムソン（Bakeman & Adamson, 1984）による「受動的かかわり」（passive joint）に相当します。これは「母子が共に玩具に積極的にかかわっており、子どもは母親の働きかけに強く影響されているものの、母親の働きかけにも母親の存在そのものにも気づいているように見えないかかわり」です。

ベイクマンらの六～一八カ月児とその母親を対象とした縦断観察によれば、受動的かかわりは六カ月時点でもある程度頻繁に認められました。一五カ月を過ぎると、協調的かかわり（coordinated joint）、すなわち「子どもは母親と共に積極的に玩具にかかわりながら、同時に母親にも注意を向けているかかわり」（大藪の「意図共有的共同注意」に相当するもの）が受動的かかわりと同程度に頻繁になりました。協調的かかわりは母親を見ること、母親と玩具を交互に見ること（交互視）がその定義に含まれます。一方、受動的かかわりでは、子どもが相手に視線を送る等して積極的に注意の共有を図らなくても、相手が子どもの視線の先にあるものに気づいて言語的・非言語的に働きかけてくれることで、注意の共有が達成されます。

ここでは他者を見ながらの指さしに至るプロセスを検討するために、また他者を見るという行為とロコモーションの発達との関連性を検討するために、社会的指さしの定義に乳児の視線を含めず、指さしと視線を別々に検討することにしました。

**指さしの頻度**

映像から乳児が人さし指を立てて対象を指さした場面を取り出し、ひとり指さし、要求の指さし、叙述の指さしに分けました。このうち要求の指さしと叙述の指さしが社会的指さしとなります。なお、情報提供の指さしは一事例しか認められなかったため、叙述の指さしに含めました。

① ひとり指さし：乳児が対象を指さしたものの、その対象に対する注意が他者と共有されていない場合。たとえば、乳児が転がっていくボールを指さしながら近づいていったり、天井に吊り下げられているモビールを見上げながら指さしをしたりしても、他の誰も言語的・非言語的反応を示さない等。

② 要求の指さし：乳児が対象に対する欲求を表出しながら、対象を指さし、その対象に対する注意が他者と共有されている場合。たとえば、乳児が棚に置いてある絵本を指さすと、保育者が「これ読みたいのね」と声をかけ、絵本を乳児に渡す等。

③ 叙述の指さし：乳児が対象を指さし、他者もその対象に注意を向けた場合。たとえば、乳児がパズルを指さし、保育者が「きれいな色だね、いいね」と発話する等。

ハイハイ期、つたい歩き期、歩行期について、六〇分あたりの頻度を集計したところ、図６－８の

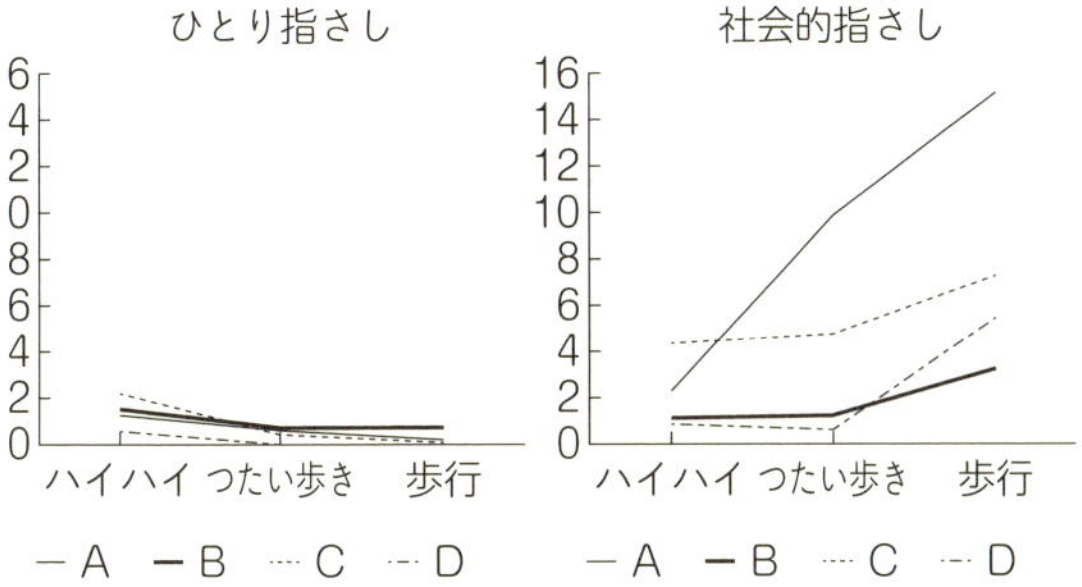


**図 6-8　各時期における，ひとり指さし，社会的指さしの頻度（60 分あたり）**

結果が示されました。A～Dは各乳児です。

まず、ひとり指さしと社会的指さしをあわせた指さしの頻度は個人差が大きいことがわかります。Aは歩行期に六〇分あたり約一五回も指さしをしましたが、Bは約三回にとどまりました。宮津（二〇一八）による保育園ゼロ歳児クラスの自由遊び場面データでは、指さしの出現回数は六〇分あたり一・八回だったので、今回のデータは最も少なかった子どもでもやや多かったといえます。

次に、ひとり指さしと社会的指さしの違いについてですが、ひとり指さしはどの時期でも頻度が少なく、ロコモーションの発達と共に減少しました。一方、社会的指さしは増加傾向にあり、とくに歩行期に入ると急激に頻度が増えました。先の宮津（二〇一八）でもハイハイ、つかまり立ち、つかまり歩き、歩行（歩き）の四期について指さしの頻度が報告されていますが、歩行期に入ると社会的指さし（伝達指さし）だけでなくひとり指さし（一人指さし）も増えました。宮津は指さし後に乳児が他者の顔を見なかった場合、「ひとり指さし」と評定しましたが、筆者の分析では、たとえ乳児が他者を見なくても他者が応答した場合には社会的指さしと評定したので、この違いが結果に反映されたのかもしれません。

社会的指さしのうち乳児が相手に視線を向けなかった指さし（大

藪〔二〇二〇〕の支持的共同注意にあたるもの）はハイハイ期では四三％、つたい歩き期では一五％、歩行期では八％でした。乳児が相手に視線を向けなくても社会的指さしが成立するのは、保育者が乳児の指さしに気づき、乳児の注意に自分の注意を重ね、「いいねー、あったねー」等と声をかけていたからです。大人によるこうした支持的かかわりを受けながら、乳児は徐々に相手を見ながら指さしをするようになるのでしょう。

### 指さしと移動

本章前半で見たようにモノとの三項関係的かかわりについては、ロコモーションの発達とともに、モノとかかわる直前にモノに向かって移動していく（近づいていく）頻度が増えました。これと同様の結果が指さしについても認められました。社会的指さし（要求、叙述の指さし）の中で乳児が指さしをする直前、あるいは指さしをしながら移動した指さしの平均比率はハイハイ期では一三％でしたが、つたい歩き期では二七％になり、歩行期では五四％と半数を超えました。

指さし直前の移動については、もう一つ、興味深い結果が示されました。身体が移動していく方向と指をさす方向が、要求の指さしと叙述の指さしとでは異なっていたのです。乳児が保育者を相手としてぬいぐるみを指さす場面を考えてみましょう。要求の指さしでも叙述の指さしでも、指をさす方向はほとんどつねにぬいぐるみ（モノ）でしたが、身体が移動していく方向は保育者（相手）である場合と、ぬいぐるみ（モノ）である場合がありました。図6-9Aは、指でモノをさし身体は相手に移動していくパターン、Bは指も身体もモノに向くパターンです。

要求と叙述の指さしについて、身体の移動方向と指さしの方向を見たところ、要求の指さしはその

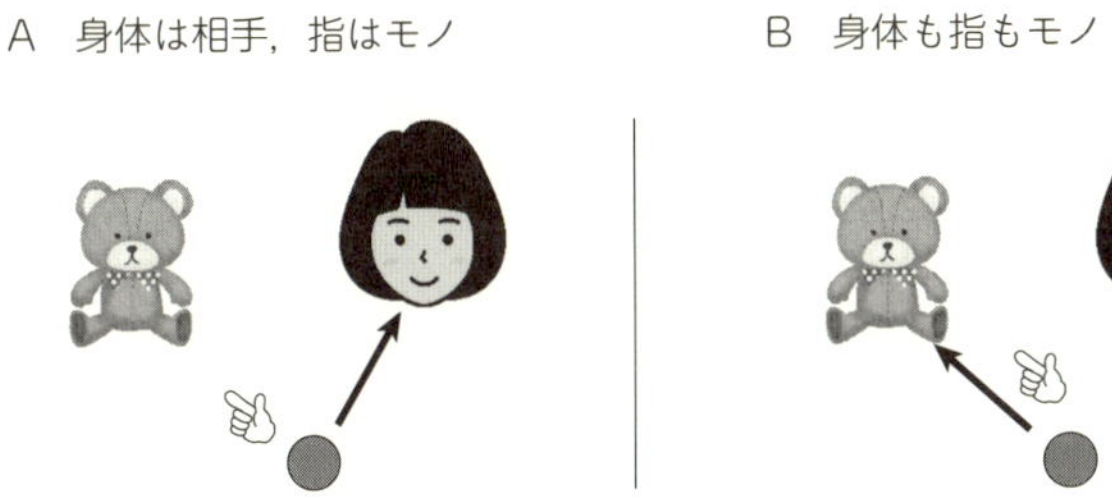


**図 6-9　身体の移動方向，指さし方向のパターン**

すべてがBパターンでした。一方、叙述の指さしについては、Aパターンがハイハイ期では〇%、つたい歩き期と歩行期では五九%を占めました。

　この違いはどういうことなのでしょうか。要求とは何をすることなのか、叙述とは何をすることなのかを考えると、理解できるかもしれません。要求の指さしは対象を手に入れたいという願望・欲求があるものの、それが何らかの物理的（高いところにあるとか、遠いところにあるとか）・心理的障壁（手を伸ばせば届くものの、触ることを禁じられているとか）によって実現できない場合に生じる指さしです。障壁がなければモノに近づき、そのモノに手を伸ばすでしょう。ですから、身体も手（指）もモノをつかもうとするはず、つまりモノに向けられるはずです。要求の指さしのすべてが「身体も指もモノ」であったのは、このためだと考えられます。

　一方、叙述の指さしは相手に対して「こんなモノがあるよ、こんなに面白いよ、だから見てみて」とモノを紹介する指さしです。大人の私たちも相手に何かモノを見せたいときには、身体を相手に向けて開き、しかし手（指）はモノに向けた姿勢で「さあ、見て」と紹介しませんか。Aの「身体は相手、指はモノ」パターンは、まさにこのときの姿勢に相当します。この姿勢での指さしはハイハイしていても不可能ではないものの、やはり立位でないと難しいと考えられます。そのため、つたい歩き期および歩行期に入ると認められるようになったのでしょう。

頻度こそ多くなかったものの、歩行期に入ると認められるようになった指さしがもう一つありました。それはまず相手を指さし、その手を相手からモノへと弧を描くようにして動かし、相手の視線を誘導するような指さしです。一般的に人を指さすことは失礼で無礼な行為と言われています。「人(他者)を指さしてはいけない」と注意されたことはありませんか。しかし乳児の場合、さほど頻繁ではないものの、最初に相手を指さす「無礼な」指さしは、歩き始めると認められるようになったのです。この「無礼な」指さしは、かなり強引に相手の注意をモノへと向けさせるものです。歩行期に入ると、こうした強制力のある指さしが認められるようになることは、乳児がロコモーションの発達とともに、より主体的、より能動的にコミュニケーションに参加することを示唆しています。

**直前のやりとり**

この「無礼な」指さしもそうだったのですが、歩行期に入ると、相手との直前のやりとりなしに、一見すると「いきなり」生起する指さしが観察されるようになりました(図6－10)。指さしの多くは乳児が相手とやりとりしているなかで認められます。たとえば、「保育者と向き合ってカップを積んで遊んでいるときに、乳児が壁にかかっているおもちゃを指さし、その指さしに対して保育者が『あれは後で遊ぼうね』と声をかける」といった状況です。この場合、乳児と保育者との間ですでにコミュニケーションの枠組み(共同注意フレーム)が確立しているので、乳児が指さした対象に対して、保育者はスムーズに注意を向けることができます。

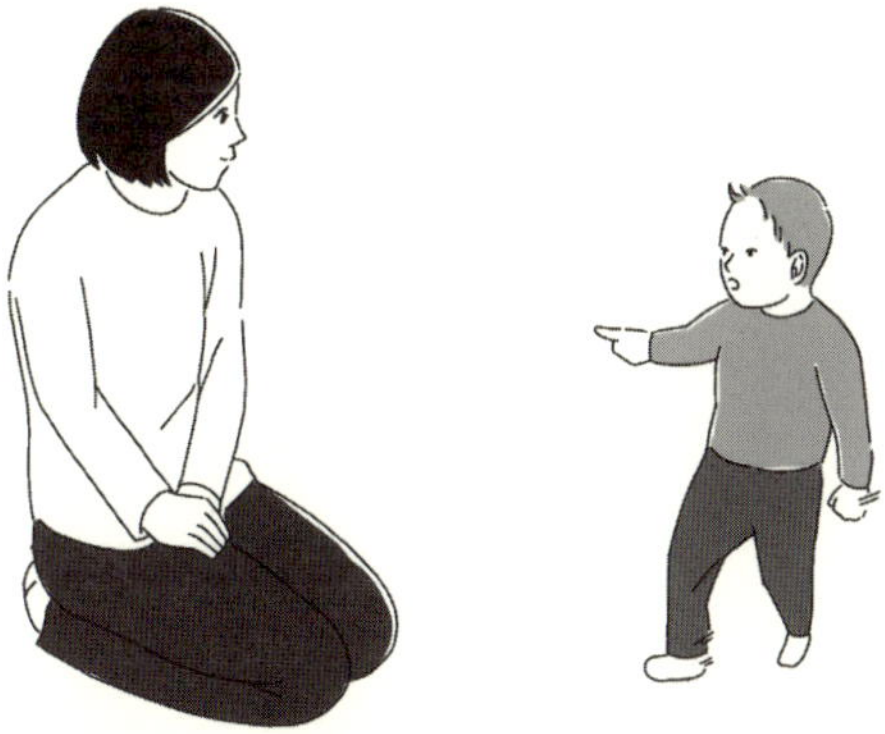

図 6-10　歩きながら「いきなり」指さし

これに対して、「いきなり」生起する指さしには、この直前のやりとりがないのです。乳児は保育者ととくにやりとりをしていないのに、唐突に保育者に顔を向け、対象（たとえば、ぬいぐるみ）を指さすわけです。こうした「いきなり」指さしが社会的指さしに占める平均比率はハイハイ期では四％、つたい歩き期では五％、歩行期では一八％でした。コミュニケーションの枠組みが確立していない状況で指をさし、共同注意を図ることはさほど簡単なことではないはずです。何がこれを可能にさせていたのでしょうか。

「いきなり」指さしは、やりとりがあって生起する指さし（「やりとり先行」指さし）に比べ、相手を見ること、直前に移動することが多いという特徴がありました。「いきなり」指さしで相手を見ることは全期間合計で平均七九％の指さしに、直前の移動は平均九三％の指さしに、それらが認められました。一方、「やりとり先行」指さしでは、相手を見ることは四一％、直前の移動は三四％でした。相手とのやりとりがないままに生起する指さしを「いきなり」指さしと呼びましたが、じつは「いきなり」あるいは「唐突に」指さしが生起していたわけではなく、相手を見ること、近づいていくことがその先駆けとなっていたのです。

観察時に筆者は保育室の隅に座っているのですが、乳児が覚束ない足どりで近寄ってくると、それだけで「この子は何かしてもらいたいことがあるんだな、何か言いたいことがあるんだな、それなら受け止めないと……」という気にさせられます。相手に視線を向けること、相手に近づいていくことは相手を身構えさせ、そのまま相手をコミュニケーションに引きずり込む力をもっているようです。ハイハイの場合、移動しながら相手を見ることはできません（第2章参照；Soska et al., 2015）。しかし歩行を獲得すると、乳児は周囲の環境を広く視野に入れつつ、他者を見ながら移動できるようになります。このことが「いきなり」指さしを可能にさせるのでしょう。

## 6　まとめ

モノを見せること、渡すこと、指さすことは三項関係成立の指標として知られています。トマセロは三項関係の成立時期を九カ月頃としましたが、九カ月という月齢は自力での移動が始まる頃にあたります。乳児はゼロ歳代後半から一歳代にかけてハイハイ、つたい歩き、歩行を獲得していきますが、本章で見たように、その過程でより頻繁にモノを見せたり渡したり、指さしをしたりするようになりました。とくに歩行の獲得をきっかけとした変化は大きく、歩き始めた乳児は遠くにあるモノを手にとり、それを他者のもとに運び、他者からの反応を求めるようにもなりました。指さしもその種類によって身体各部位の使い方が異なる等、より巧妙な指さしが認められるという変化もありました。

なぜこのような変化が生じるのでしょうか。三項関係はモノを介した乳児と他者の関係です。第5

章で見たように、歩行の獲得は他者とのコミュニケーションのあり方を大きく変化させます。乳児は移動しながらコミュニケーションをとるようになり、移動しながらコミュニケーションを求めてくる乳児に対して、養育者（保育者）はさらなる動作を指示するようになります。保育場面では、乳児は歩き始めると複数の他者を渡り歩くようにもなりました。歩行の獲得をきっかけとしてコミュニケーションがよりダイナミックに展開していくことが、本章で見た三項関係の変化の背景にあるのだと考えられます。

第7章

# 模倣とタッチ

外山紀子

電車の中で、こんなシーンに出会ったことがあります。ベビーカーに載せられていた赤ちゃんが、目の前の座席で大人の膝に抱かれた赤ちゃん（同じくらいの月齢）をしばらく凝視し、その後、「アー」と大きな声を出して手を伸ばしました。このやりとりを見守っていたどちらの大人も、赤ちゃんの手を引っ込めさせたり、赤ちゃんをかばうように抱きしめたりと、あたふたしながら「すみません」と謝りました。見方によっては「相手を睨み因縁をつけて手をあげた」と解釈できるのかもしれませんが、手を伸ばした赤ちゃんは「ねえ、遊ぼうよ」と声をかけたのかもしれません。保育園でも、泣いてむずかる仲間にハイハイしながら近づき、顔をのぞき込む場面を見ることがあります。まるで「どうしたの？　具合でも悪いの？」と声をかけているようです。

本章では、乳児同士のかかわりを取り上げます。前章ではモノを中心とした三項関係的かかわりを見ましたが、乳児がモノへの注意を共有しながらかかわる相手の多くは大人（保育者）でした。乳児期はコミュニケーション能力の発達途上にあり、相手とのやりとりを成立させ維持する力が限られるため、どうしても大人による支持的かかわりを必要とします。そのため、乳児期の対人的かかわりは大人相手のものが主となります。とはいえ、相手に近づいていくとか、顔をのぞき込むとか、手を伸ばすといった非言語的な手段に絞れば、乳児でも仲間とのやりとりを展開しています。本章では、非言語的なコミュニケーション手段である模倣とタッチを取り上げ、乳児期の仲間関係をロコモーションの発達から見ていきます。

## 1　乳児期の仲間関係と模倣

### 仲間への関心

乳児期の仲間関係は、これまであまり関心が向けられてきませんでした（Hay et al., 2018; Lahat et al., 2023）。この時期に何より重要なことは養育者との信頼関係をつくること、すなわち愛着関係の形成にあると考えられてきたからです。生物学者のポルトマンが「生理的早産」と述べたように（ポルトマン、一九六一）、ヒトは他の哺乳類に比べ、未熟な状態で生まれてきます。そのため、自分を保護し世話をしてくれる養育者を必要とします。発達初期の養育者との関係は身体的健康だけでなく精神的健康にも大きな影響を及ぼすことから、養育者との関係に研究が集中してきたのです。

しかし保育園の乳児クラスを見ていると、顔をカーテンに隠して笑い合ったり（おそらく「いないいないばあ」をしているつもり）、一人がゴロンと転がると他の子もゴロンと転がったりなど、仲間間の活発なやりとりを目にすることがあります。保育園に通っていなくても乳児健診（乳幼児健康診査）などの場では、乳児が同じくらいの月齢の仲間に対して、大人に対するときとは異なる様子で関心を示したり、笑いかけたりする姿も見かけます。

実際、生後わずか数カ月の乳児でも仲間には特別な反応を示します。フォーゲル（Fogel, 1979）は一〜三カ月児を対象として、一人でいる場面、同じくらいの月齢のはじめて会った他の乳児といる場面（仲間場面）、そして養育者といる場面（養育者場面）における乳児の行動を比較しました。その結果、養育者場面では多様でなめらかな身体動作が多く見られたのに対して、仲間場面ではそれが急で激しいこと、そして首を緊張させながら前に倒してよく見る動作が特徴的だったと報告しています。養育者といるときにはリラックスしている一方、仲間といるときにははじめての相手だったということもあるのかもしれませんが、乳児は相手に強い注意・関心を向けるのです。乳児にとって仲間は養育者とは質的に異なる存在であるようです。

仲間と遊ぶ経験を積み重ねるにつれ、仲間への愛情表現も豊かになります。生後半年程度の乳児が母親と遊んでいるときと、なじみのあるほぼ同月齢の仲間と遊んでいるときの様子を九カ月間縦断的に観察した研究では（Adamson & Bakeman, 1985）、母親との場面ほどではないものの、仲間相手の場面でも、嬉しそうに声を挙げたり、満面の笑みを浮かべたり、興奮気味に腕を振ったりといった行動は月齢が上がるとともに増えていきました。相手と行動を調整しながら遊ぶことは、相手がなじみのない仲間の場合でも同じです。これまでに遊んだ経験のないほぼ同月齢の乳児ペアの遊び場面では、仲間への発声や微笑み、タッチ、動作模倣、そして玩具を見せる、渡す、受け取るといった相互的なやりとりが見られ、それらは月齢が上がるほど頻繁になったと報告されています（Eckerman et al., 1975）。

子ども同士のかかわり方という点から遊びを分類したパーテンは、乳児期（〇〜二歳頃まで）を「一人遊び」の時期としました（Parten, 1932）。子ども同士でやりとりしながら遊ぶ「連合遊び」、役割分担しながら一つの遊びをつくり上げる「協同遊び」などはまだ見られないとしたのです。この時期は言語的コミュニケーションに大きな限界があるため、相互的・共同的な遊びを展開させることは難しいというわけです。しかし、先述の研究で示されているように、模倣やタッチといった非言語的な行動に着目すると、乳児同士の間でも萌芽的とはいえ相互的な遊びが垣間見えてきます。

**乳児の模倣**

模倣は発達のごく初期から認められます。たとえば、生後間もない乳児が相手の表情を模倣することは広く知られており、新生児の表情模倣と呼ばれています（たとえば、Meltzoff & Moore, 1983）。模倣は一歳を過ぎると仲間との相互交渉場面でも見られるようになります（Hay et al., 2018）。一六〜三二カ月齢までの間、はじめて出会った仲間との遊びを検討した研究（Eckerman & Didow, 1988）では、月齢が上がるとともに模倣が頻繁になり、協調的な遊びが増えました。相手が机の下に隠れれば自分はカーテンの裏側に隠れてみる、相手がドアの内側からノックをすれば自分は外側からノックをしてみるといった模倣を通して、乳児は仲間との遊びをつくり上げていくのです。

模倣には相手がモノを操作している動作を模倣すること（モノの操作模倣）と、モノを用いない動作そのものを模倣すること（動作模倣）があります。相手が大きなボールを手でポンポンと叩いている様子を見て、自分も大きな車をポンポンと叩くことはモノの操作模倣です。一方、両腕を大きく広げ、ぐるぐると回している様子を見て、自分も両腕を上げてぐるぐると回すとか、布団の上をゴロゴロと転がる仲間を見て、自分もゴロゴロと転がるといったことは、動作模倣となります。両者を比べると、発達的にはモノの操作模倣が早期に認められます。きょうだいが二歳・四歳のときと、その二年後の四歳・六歳のときの遊びを比較したところ、二歳・四歳時点ではモノの操作模倣が頻繁でしたが、その二年後になると、互いにジャンプしたりダンスしたりなど、動作模倣が頻繁になりました（Howe et al., 2018）。

では、模倣はロコモーションの発達と関連するのでしょうか。ハイハイから歩行への移行時期はゼロ歳台後半から一歳台前半にかけてなので、より早期に認められるモノの操作模倣に絞って、この問題を見ていくことにします。第6章同様、ロコモーションの発達と関連させて保育場面の仲間関係を分析した研究はこれまであまりないことから、本章でも筆者の研究を中心に紹介していきます。

## 2　模倣とロコモーション

模倣とロコモーションとの関連性を検討するために、まず保育園ゼロ歳児クラスの縦断観察データから模倣が見られた場面を取り出しました（詳細はToyama, 2023）。ここでの模倣は、「乳児（モデル児）がモノを操作していたときに、その様子を見ていた他の乳児（模倣児）がモノに対して類似の操作を行うこと」です。このとき、モデル児と模倣児が操作するモノは同一の場合もありますが（保育室には同じモノが複数個、用意されていることも多いので）、「黄色いカップ」とそのカップより小さい「青いカップ」のように、知覚的に類似したモノである場合も、「黄色いカップ」と「車のおもちゃ」のように、知覚的にまったく類似していないモノである場合もあります。

次に、第6章と同様、観察期間をハイハイ期、つたい歩き期、歩行期の三期に区切り、各時期において模倣がどの程度生起したかを集計しました。六〇分あたりに観察された模倣の平均頻度（各乳児

## コラム7－1　双子の模倣

双子は「テレパシーが使える」とか、「事前相談なんてしていないのに、服装がかぶったりする」といった話を聞くことがあります。双子は多くの時間を共にすごすので、乳児の頃から、年齢の異なるきょうだいや保育園の仲間とは異なる特別なかかわりをもっているのでしょうか。たとえば、頻繁に模倣し合うとか、しかもその模倣がぴったりとシンクロするなどということがあるのでしょうか。

アルドリッチ他（Aldrich et al., 2015）は、双子の乳児とその母親との遊び場面を七～二五カ月齢までの間、三カ月の間隔をおいて縦断的に観察しました。一回の観察は一〇分間で、前半の五分間、双子はカーペットが敷かれた床で遊び、母親にはその傍の椅子に座ってもらいました（図コラム7－1－1）。この場合、乳児は着席している母親を見上げる姿勢になるので、母親とのかかわりはかなり制限されることになります。五分経ったところで母親には床に移動してもらい、双子と自由にかかわってもらいました。

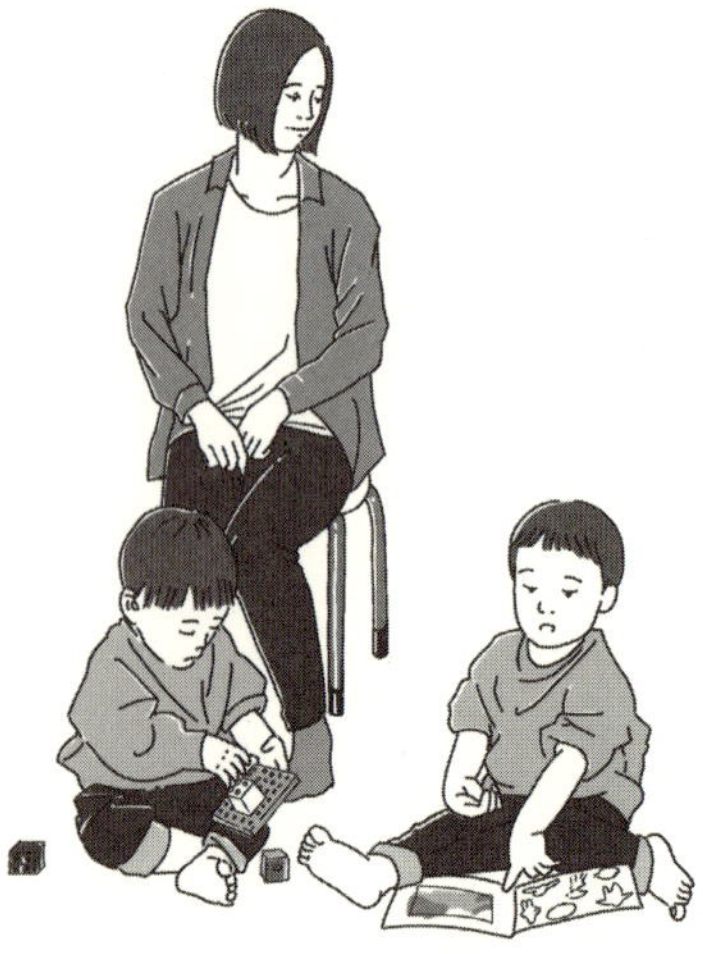

図コラム 7-1-1　双子の模倣実験の状況

指さし、モノを見せること、発声とモノの操作模倣等を分析したところ、どれも一三カ月頃から頻繁に認められるようになりました。ただし、その相手は多くが母親で、観察の前半部分、つまり母親とのかかわりがかなり制限されていた場面でも、乳児はそれぞれ母親とのかかわりを求めました。保育園のゼロ歳児クラスでも多くの仲間がいるのに、乳児がモノをめぐって三項関係的かかわりをもつ場合、その相手の多くは保育者でした（第6章）。双子の間で三項関係的かかわり（モノを見せる）や模倣が認められるようになったのは、観察期間の最後、二歳頃（二二〜二五カ月）になってからのことでした。これまでにも多く指摘されてきたことですが、乳児が協調的な協同遊びを行うためには、足場をつくるような働きかけをしてくれる（足場づくり）社会的能力のあるパートナーが必要であるのです。そしてこのことは、双子の場合でも同様であるようです。冒頭の疑問に戻りましょう。乳児期の模倣について見た場合、双子間のかかわりは仲間間のかかわりと特別に異なる点はないようです。

がモデル児となった場合と模倣児となった場合をともに含む）は、ハイハイ期では二・〇回、つたい歩き期では三・九回、歩行期では八・三回でした。ロコモーションの発達とともに、仲間間の模倣はより頻繁になっていくことがわかります。

## 仲間の関心を引きつけるかかわり

模倣した乳児（模倣児）はいったい、何に引きつけられて模倣を始めたのでしょうか。第6章では、乳児とモノとのかかわりに二項関係的かかわりと三項関係的かかわりがあることを述べました。そこでここでも、モデル児がモノに対して二項関係的かかわりを行っているときと三項関係的かかわりを行っているときに分けて、仲間（模倣児）から模倣された（真似された）比率を算出しました。

あらためて確認すると、二項関係的かかわりとは乳児が他者とモノを共有することなくモノにかかわることで、乳児が一人でモノをいじること（相互交渉なし）、モノを持ちながらもそれに対する注意を他者と共有せずに他者を見ること（共有なし見る）、モノに対する注意を他者と共有せずに他者と相

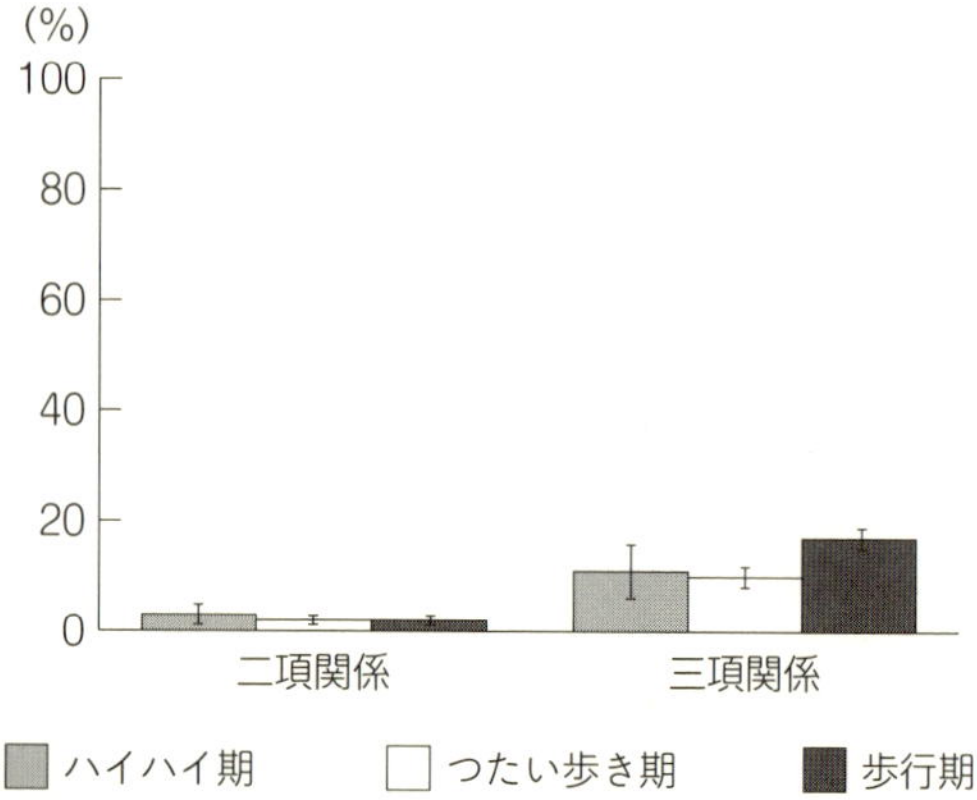


**図 7-1　モデル児が二項関係的かかわり，三項関係的かかわりをもっていたときに，模倣された平均比率**

（注）　エラーバーは標準誤差。

（出典）　Toyama（2023），Figure 5 より作成。

互交渉すること（共有なし相互交渉）が含まれます。一方、三項関係的かかわりは、モノへの注意を他者と共有しながらかかわることで、他者にモノを見せたり渡したりすること（モノを見せる、渡す）、モノを操作している自分の行為を他者に見せたり、特定の操作を他者に要求すること（行為を見せる、要求する）が含まれます。

　モデル児が二項関係的かかわりを行っているとき、および三項関係的かかわりを行っているときに模倣が見られた（つまり、真似された）平均比率を図７－１に示しました。

　どの時期でも二項関係的かかわりは二〜三％と低く、三項関係的かかわりは一〇〜二〇％程度と、二項関係的かかわりより高くなっています。今回分析したデータでも、三項関係的かかわりの相手は保育者である場合がほとんど（九〇％以上）でした。仲間が保育者にモノを見せたり渡したりしてやりとりすることは、ハイハイ期の乳児にとっても、歩行期の乳児にとっても、真似したくなる

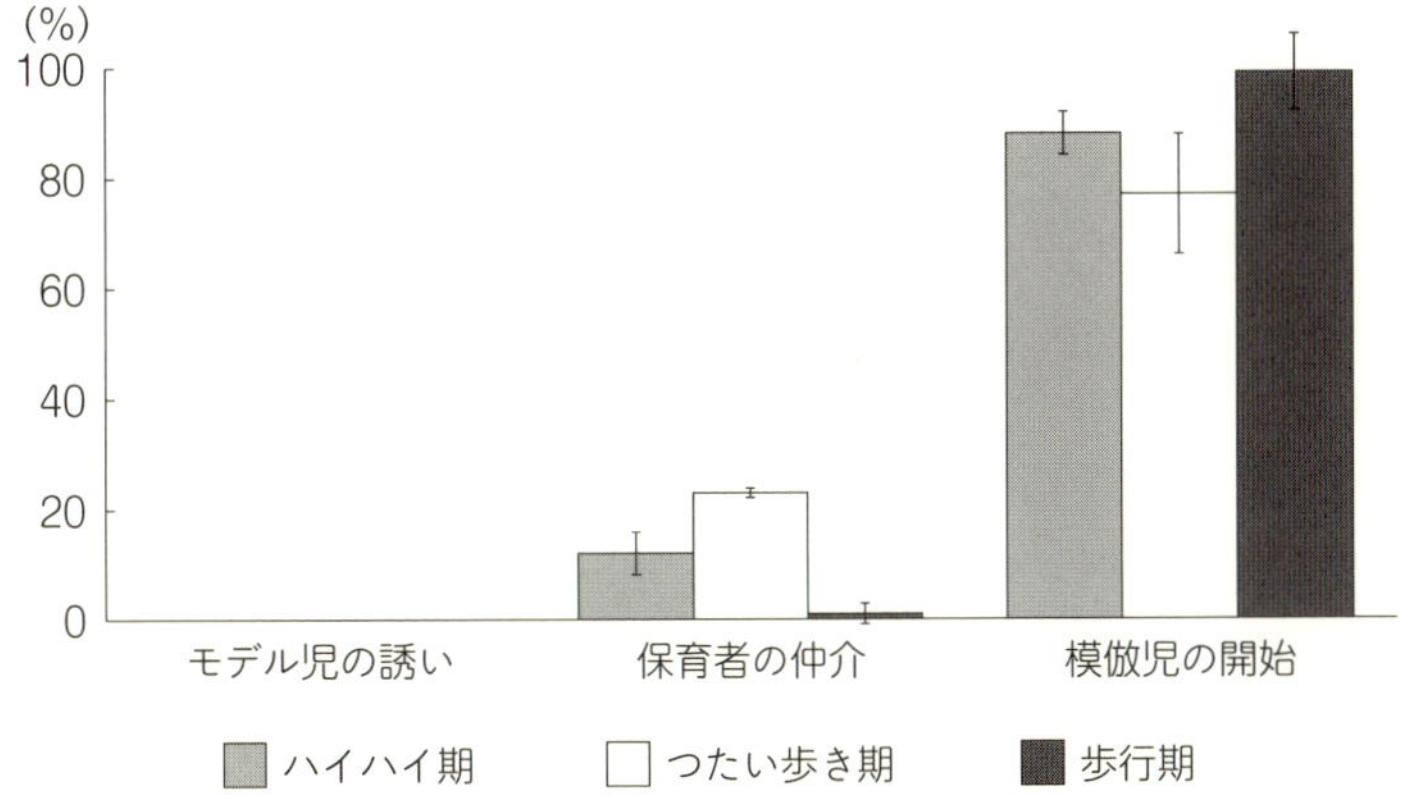


図 7-2　模倣のきっかけの平均比率

（注）　エラーバーは標準誤差。

（出典）　Toyama（2023），Figure 6 より作成。

ような楽しさ・魅力があるのでしょう。

## 誰が模倣を始めるのか

では、誰が模倣のきっかけをつくったのでしょうか。ここには、少なくとも三つの可能性があります。第一はモデル児が他の乳児を模倣に誘うこと（モデル児の誘い）、第二は保育者がモデル児と模倣児の仲介をすること（保育者の仲介）、そして第三は模倣児がみずから模倣を始めること（模倣児の開始）です。発達が進むほど仲間間のやりとりは活発になると考えられるので、ハイハイ期より歩行期の方が、「モデル児の誘い」や「模倣児の開始」は頻繁になるかもしれません。

図7－2に、ロコモーションの各時期における、模倣の各きっかけの平均比率を示しました。今回のデータでは「モデル児の誘い」はまったく認められませんでした。「保育者の仲介」もさほど多くなく、大半が「模倣児の開始」でした。つまり、ロコモーションが発達したからといって模倣が始

図 7-3　モノの操作模倣

まるパターンに変化はなく、どの時期でも模倣児が自発的に模倣を始めることが多かったのです。

ただし、模倣児の移動についてはロコモーションの時期による差が認められました。第6章で見たように、モノや他者とかかわる際、乳児はロコモーションの発達とともにより頻繁に移動する（近づく）ようになりました。これと同じことが、模倣児にも認められました。模倣の直前に模倣児がモデル児に近づいていった平均比率はハイハイ期では三六％でしたが、つたい歩き期では六二％、歩行期では九一％にもなったのです。

以上をまとめます。まず、ロコモーションの発達とともに、仲間間の模倣（モノの操作模倣：図7－3）はより頻繁になりました。しかし、模倣が生起するプロセスには時期による差は認められませんでした。そのプロセスとは、まずモデル児が保育者とモノについて三項関係的かかわりをもっており（たとえば、積み木を保育者に見せたり渡したり、積み木を叩いて音を出して保育者に聞かせたりする）、その様子に注意を向けた他の乳児（模倣児）がモデル児と類似した操作をモノに対して行い、模倣が成立するというものです。

ここからわかるように、モノの操作模倣は乳児間で成立しているものの、じつは保育者が間接的な仲介者としてモデル児と模倣児を中継していたのです。保育者が「ハブ」の役割を果たすことで仲間間の模倣が成立していたとも言えるでしょう。

なぜ歩行期になるにつれ模倣が頻繁に認められるようになったのかというと、それは歩行の特性が関係していると考えられます。第2章で見たように、歩行が始まると乳児は広い視界を保ったまま移動するようになります。そのため、離れた場所で起こっている出来事に注意を向けやすくなると考えられます。そしてやはり第2章で見たように、歩き始めた乳児は、それ以前より長い距離をスピーディーに移動するようになります。移動が容易になることは、自分の興味に応じた環境内の探索を可能にするでしょう。結果として、歩行を獲得するとともに乳児は「仲間と保育者が何か楽しそうなことをしているぞ」と検知したら、速やかにその場所に移動し、自分も仲間と同じことをして保育者とかかわりを求めるようになる、そのために歩行の獲得をきっかけとして模倣が頻繁になったと考えられます。

**模倣の伝播**

乳児が保育室内を歩き始めると、乳児の模倣は多くの他者を巻き込むようにもなりました。第6章で述べましたが、歩行開始とともに乳児は三項関係的かかわりを複数の他者との間で繰り返すようになり、その際に相手を変えることも多くなりました。これと同様のことが模倣についても認められたのです。一つのエピソードを示します。

乳児Aが保育者Aに赤いカップを叩く行為を見せている（乳児Aと保育者Aとの三項関係的かかわり）。そこに乳児Bがやってくる。乳児Bは保育者Aに対して、青いカップを叩く行為を見せる（乳児Bと保育者Aとの三項関係的かかわり、乳児Aと乳児Bの間で模倣が成立）。乳児Aは赤いカップを叩きながら保育室内を歩きまわり、今度は保育者Bにカップを渡し、自分と同じように叩くことを要求する（乳児Aと保育者Bとの三項関係的かかわり）。それを見て、保育者Bと直前までやりとりしていた乳児Cがカップを叩き始める（乳児Aと乳児Cとの間で模倣が成立）。

乳児Aが移動しながら複数の他者と連続的なかかわりをもつと、それに引きつけられた複数の乳児の間で「カップを叩く」行為が伝播していき、そこに保育者も巻き込まれ、みんなで「カップを叩く」遊びを共有しているような形がつくられていったのです。このように、歩行は乳児に興味に応じた探索という自由を与えるだけでなく、複数の仲間と保育者をつなぐ役割も果たすのです。

## 3　タッチ

### 養育者とのタッチ

模倣と同じように、タッチも言語獲得途上にある乳児にとって重要なコミュニケーション手段となります。アメリカの人類学者モンタギューは、日本語にも訳されている『タッチング』という著書の中で「赤ん坊が自分の筋肉や関節の感覚器官によって抱いてくれる人の動きから感じ取るものは、単なる皮膚への圧力ではなくて、その相手が自分のことをどう『感じて』いるかを示すメッセージである」（Montagu, 1971、翻訳書九四頁）と述べています。この言葉にあるように、乳児にとって養育者とのタッチは情動的なコミュニケーションそのものであり、子どもの精神的幸福や身体的幸福にとってきわめて重要な意味をもちます（Field, 2010; Stack, 2001）。タッチは時に乳児の泣きや興奮といった生理的反応を沈静化させ、睡眠や哺乳のリズムを整え（Stack, 2001）、愛情だけでなく怒りやいらだちといったさまざまな情動を伝えます（Field, 2010）。

愛着理論の提唱者であるボウルビーも、タッチの重要性を指摘しています。養育者とのタッチは愛着行動、すなわち乳児が愛着対象である養育者のそばから離れないようにする行動の中心にあるというのです（Bowlby, 1969）。実際、タッチには愛着タイプによる量的・質的差異が認められています。愛着が安定している場合、愛情深いやさしいタッチが見られますが、不安定な場合、密接なタッチはあまり見られません（Tracy & Ainsworth, 1981 等）。養育者が抑うつ的だとやはりタッチが少なく、あったとしても侵襲的になりがちです（Ferber, 2004）。さらに、抑うつ的な養育者をもつ乳児は自己接触行動が多く、叩く・押すといった激しすぎるタッチを見せることもあります（Herrera et al., 2004）。自分で自分をタッチすることで、養育者からのタッチの少なさを補っているのかもしれません。

## 保育場面でのタッチ

これまで乳幼児期のタッチは養育者との間で多く検討されてきましたが、保育場面でも仲間や保育者との間でタッチが見られます。保育園・幼稚園では自由遊び（自由保育）の他に設定保育や食事等、さまざまな活動が行われますが、活動によって生起しやすい相互交渉は異なります。タッチを含む身体を介した相互交渉は自由遊びの時間に多く、言語的な相互交渉は小グループの活動に多いことが、北米の保育園で認められています（Twardosz et al., 1987）。年齢による違いもあります。乳児クラス（〇〜一歳）、二歳児クラス、三〜五歳児クラスを比較すると、乳児クラスでは保育者がおむつ替えなどの身体的な世話をすることから、タッチは保育者と乳児の間で多く見られ、三歳以上になると仲間間において頻繁になります（Cigales et al., 1996; Field et al., 1994）。とはいえ、乳児クラスの保育者は世話のためだけでなく愛情を伝え、関係を築くためにも、乳児を抱いたり、キスしたり、抱き締めたりします（Field et al., 1994）。

子どもたちもまた、愛情を込めて仲間にタッチすることがあります。転んで泣いている仲間のそばに駆け寄り、頭をなでたり肩を抱いたりしている幼児の姿を思い浮かべる人もいるでしょう。仲間をくすぐったりなでたりキスしたりするタッチは、五歳児クラスに比べると三〜四歳児クラスにおいて多く見られます（Fleck & Chavajay, 2009）。いわゆる年少児・年中児クラスの幼児は、自分の気持ちを伝える際に身体を介したコミュニケーションに頼ることが多い一方、年長児になると問題解決能力も社会的・言語的スキルも身につくことから、言葉によるコミュニケーションを図れるようになるからでしょう。

タッチを介して仲間とコミュニケーションをとることは、乳児も同じです。乳児の場合、幼児に比べれば仲間間の相互交渉は多くありませんが、仲間との経験を重ねるうちに、仲間に近づき発声したり、微笑んだり、タッチしたりすることが増えていきます（Roopnarine & Field, 1983）。保育者に対してだけでなく仲間に対しても、身体を基盤としてやりとりを仕掛ける存在になっていくのです。では、ロコモーションの発達はタッチと関連するのでしょうか。次にこの問題を取り上げます。

## 4　タッチとロコモーション

### タッチの頻度

模倣の分析同様、保育園ゼロ歳児クラスの縦断観察データを分析しました（詳細は Toyama, 2022）。まず観察データからタッチが見られた場面を取り出しました。ここでのタッチは「身体部位にかかわらず、乳児の身体が他者の身体と接触すること」です。「乳児が手でトントントンと保育者の膝を叩く」のように、一度タッチが生じた後、いったん離れ、すぐにまた接触した場合、つまり短い間隔でタッチが繰り返された場合には一度のタッチと見なしました。

保育園では大きく分けると、乳児が保育者に接触するタッチ（乳児から保育者）、乳児が仲間に接触するタッチ（乳児から仲間）、そして保育者が乳児に接触するタッチ（保育者から乳児）があります。ハイタッチのように、「誰が誰に接触したか」の判別が難しい場合もありますが、今回分析したデータではこうした同時的なタッチはほとんど認められませんでした。タッチの生起頻度を、ハイハイ期、つたい歩き期、歩行期についてそれぞれ集計し、三〇分あたりの平均頻度を図7－4に示しました。乳児から保育者へのタッチと保育者から乳児へのタッチは、ロコモーションの発達とともに増加しました。しかし、乳児から仲間へのタッチについては時期差が認められませんでした。

### 意図的タッチ、偶発的タッチ

タッチには意図的に相手の身体と接触する意図的タッチと、偶然接触してしまった偶発的タッチが

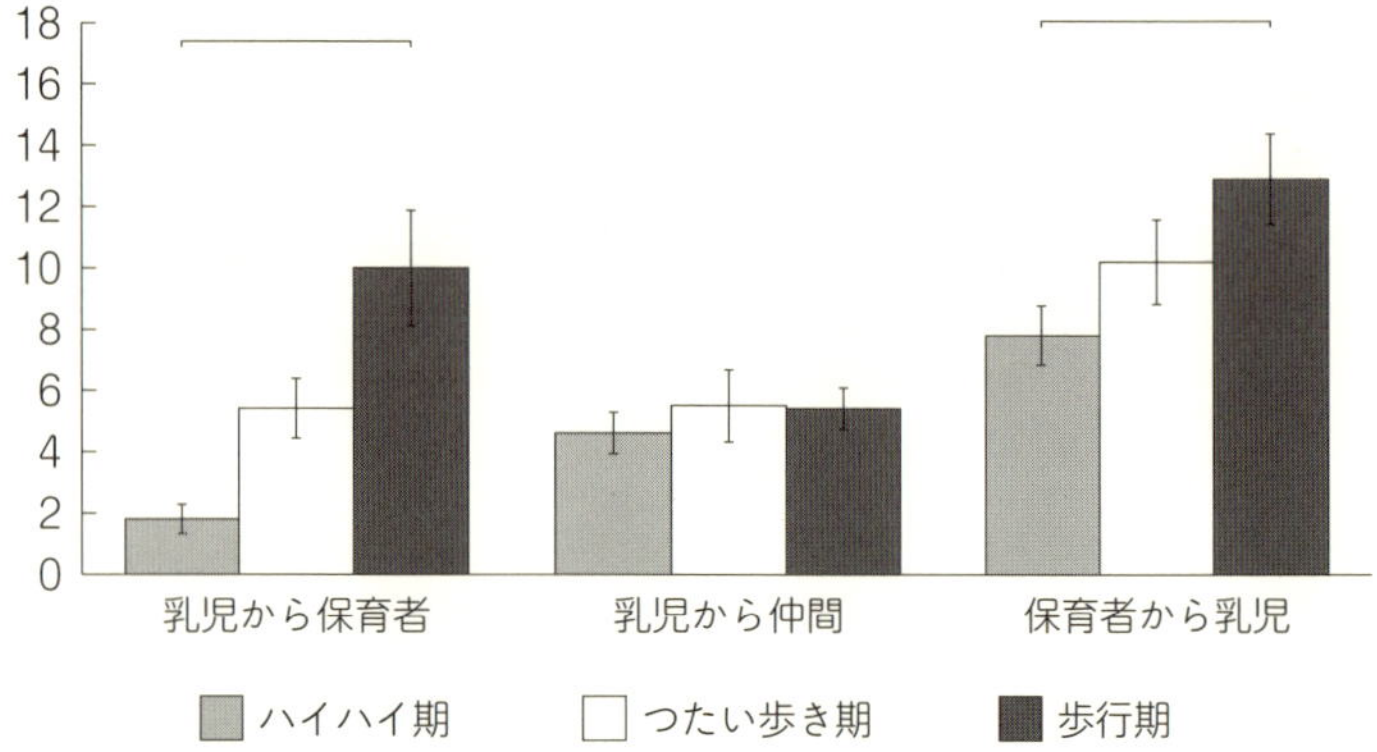


**図 7-4　ロコモーションの各時期におけるタッチの平均頻度（30 分あたり）**

（注）　エラーバーは標準誤差。

（出典）　Toyama（2022），Table 2 より作成。

あります。「手が相手の肩に接触した」としても、「相手に気づいてもらいたいから、手で肩をトントンと叩いた」という場合と、「手をぐるぐると振りまわしていたら、近寄ってきた相手の肩に偶然、手があたった」という場合では、その意味は大きく異なります。前者は意図・目的のある意図的タッチですが、後者は偶然に生じたタッチです。ここでは、意図的タッチをさらに三カテゴリーに分け、偶発的タッチも加えて四つのカテゴリーを設定しました（表7－1）。

保育者から乳児へのタッチについては、どの時期でも世話のタッチが半数以上を占めました（ハイハイ期六二％、つたい歩き期五五％、歩行期五四％）。次に多かったのは道具的タッチでした（ハイハイ期二〇％、つたい歩き期二八％、歩行期三三％）。偶発的タッチはどの時期でもごくわずかで、時期差もほとんどありませんでした。乳児クラスでは世話のタッチが多いという報告がありますが（Field et al., 1994）、今回の結果もこれに沿うものでした。

次に、乳児が行うタッチについて見ていきましょう。図７－５に、乳児から保育者へのタッチと乳児から仲間

表 7-1　タッチのカテゴリー

| | |
|---|---|
| (1)　意図的タッチ：タッチする側に意図・目的があると推測できるタッチ | |
| (a)　社会的タッチ | 他者に対して情動を表現し，伝達するタッチ<br>例：乳児が甘えて保育者の膝に抱きつくタッチ，保育者が泣いている乳児をなぐさめ落ち着かせるタッチ等<br>ただし，相手への怒りから身体を強く押したり叩いたりするように，ネガティブな情動を表現・伝達する場合もある |
| (b)　道具的タッチ | 遊びやモノの交換という目的を達成する手段としてのタッチ<br>例：くすぐり遊びをするときに相手の身体にタッチすること，玩具を渡したり受け取ったりする際に手と手が接触すること等 |
| (c)　世話のタッチ | （保育者から乳児へのタッチのみ）保育者が乳児の世話をするために行うタッチ<br>例：高いところに登ろうとしている乳児を制止するために身体を押さえること，お茶を飲ませるために抱きかかえること，玩具の遊び方を教えるために乳児の手を支えること等 |
| (2)　偶発的タッチ：タッチする側に意図・目的があると推測できないタッチ<br>例：移動途中でたまたま手が仲間の足に接触した等 | |

へのタッチの結果を示しました。

乳児から保育者へのタッチについては、どの時期でも社会的タッチが六〇%程度となりました。社会的タッチには時期差がありませんでしたが、道具的タッチはロコモーションの発達とともに増加し、偶発的タッチは逆に減少しました。一方、乳児から仲間へのタッチについては、どの時期でも道具的タッチはわずかでした。ここに時期差は認められませんでしたが、社会的タッチはロコモーションの発達とともに増加し、偶発的タッチは減少しました。相手が保育者でも仲間でも、偶発的なタッチが減ること、意図的（社会的、道具的）なタッチが増えること

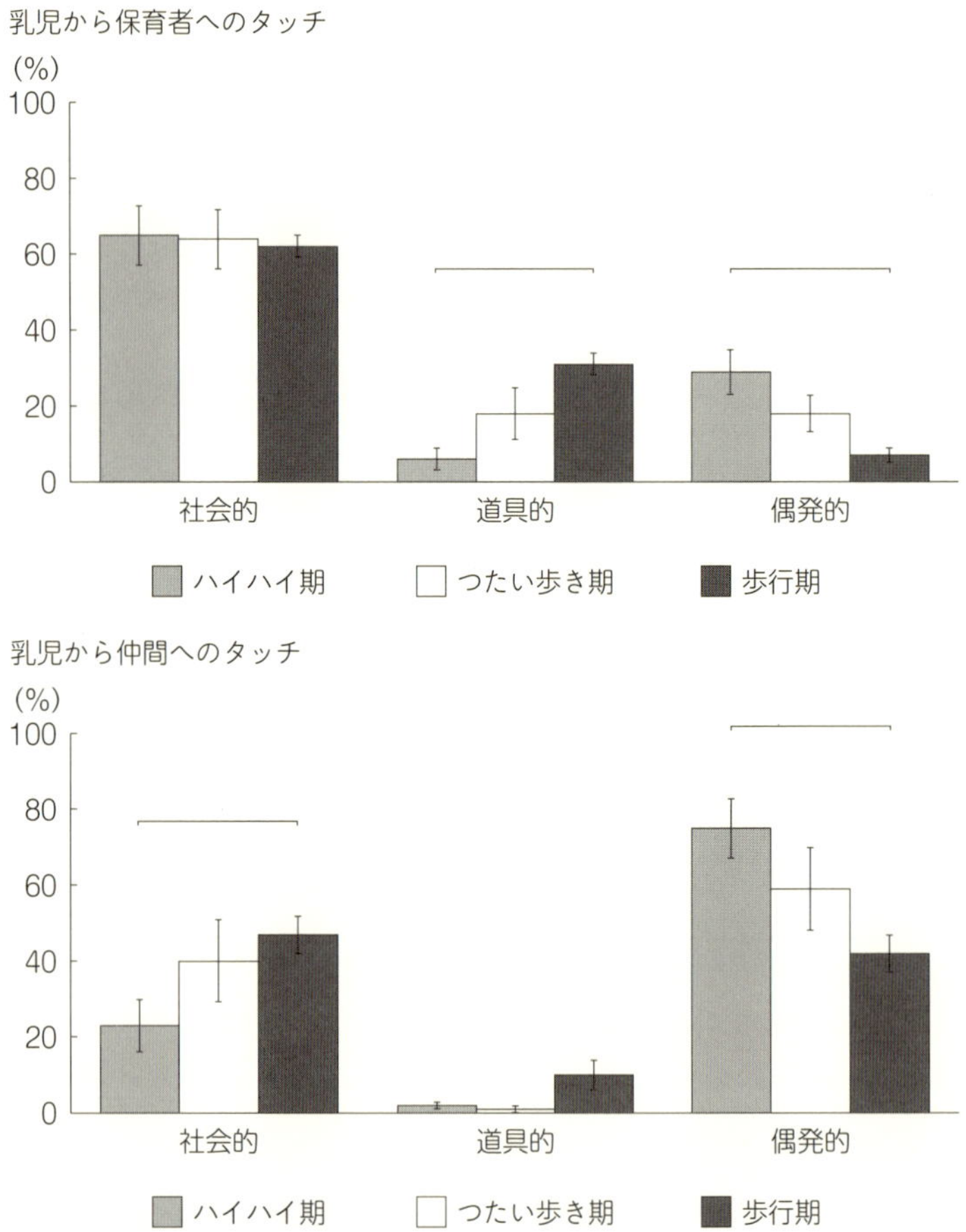


**図 7-5　乳児から保育者へのタッチ・乳児から仲間へのタッチにおける社会的，道具的，偶発的タッチの平均比率**

（注）　エラーバーは標準誤差。
（出典）　Toyama（2022），Table 3 の一部より作成。

は共通していました。

保育者へのタッチで道具的タッチが増えたのは、第6章で述べたように、モノを渡す、受け取るといった三項関係的かかわりが増えることによるのでしょう。一方、仲間へのタッチについては先の分析で示されたように、頻度そのものは時期による差は認められなかったのですが、その質としては偶発的タッチが減り、社会的タッチが増えるという変化がありました。社会的タッチには「笑いながら仲間の身体に手を伸ばす」とか、「仲間の頭を手でなでる」といった愛情表現のタッチが多く含まれます。乳児間でも、経験を積むとともに社会情動的なタッチが増えていくという先行研究（Roopnarine & Field, 1983）の結果と一致しています。

**身体部位と姿勢**

次にタッチを、運動特性という点から見ていきます。乳児はどの身体部位で、またどういう姿勢でタッチするのでしょうか。そしてそれらは意図的タッチの場合と偶発的タッチの場合とで異なるのでしょうか。

タッチといっても、接触する際の身体部位はさまざまです。愛情を伝える際、手で相手の頭をなでることもあれば、肩に腕をまわすこともあるでしょう。乳児から保育者へのタッチ、乳児から仲間へのタッチそれぞれについて、意図的タッチ（社会的タッチと道具的タッチをあわせたもの）と偶発的タッチが認められた際の身体部位を①手（手首から先の部分）、②腕（肩から手首までの部分）、③足（股から足先までの部分）、④頭、⑤胴体のどの部分であるかを評定しました。ただし、タッチの際には「最初に手で相手の腕を触り、次に腕を相手の背中にまわす」のように、接触している身体部位がタッチの

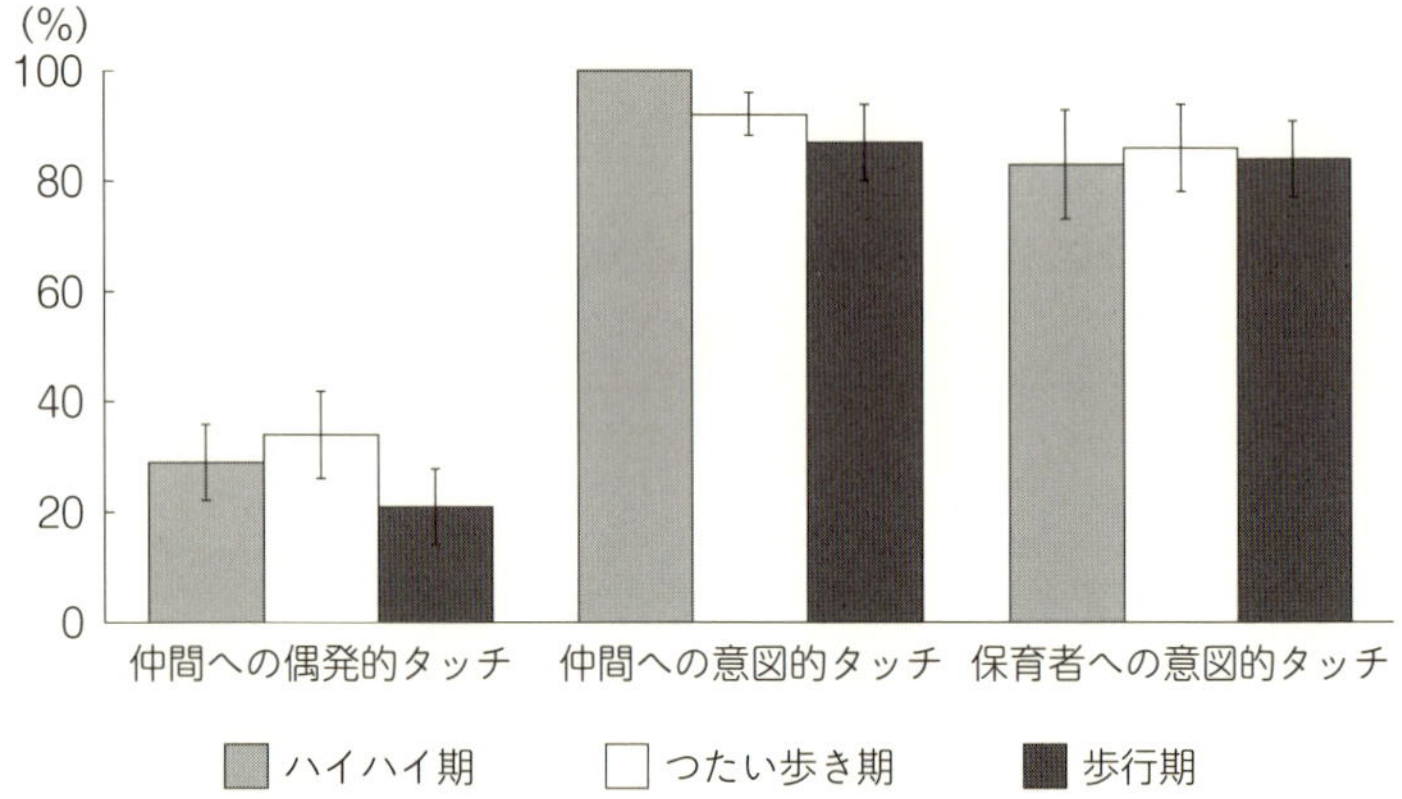


**図 7-6　乳児から仲間への偶発的タッチ，仲間への意図的タッチ，保育者への意図的タッチにおける手によるタッチの平均比率**

（注）　エラーバーは標準誤差。

（出典）　Toyama（2022），Figure 4 より作成。

過程で変わっていくことも多いのですが、今回は最初に接触した部位に限ることにしました。

意図的タッチについては手によるタッチが多かったため、手とそれ以外の身体部位にまとめ、仲間への偶発的タッチ、仲間への意図的タッチ、保育者への意図的タッチにおける手によるタッチの平均比率を示しました（図7-6）。仲間への偶発的タッチでは手によるタッチの比率が低いこと、意図的タッチでは相手が仲間でも保育者でも、それが高いことがわかります。

次に、姿勢についてはどうでしょうか。第6章で検討した三項関係的かかわりでも、本章前半で見た模倣についても、ロコモーションの発達とともに、モノに接触する、模倣する直前に移動すること（モノあるいは相手に近づくこと）が増えました。モノや他者とのかかわりに移動が組み合わされるようになるのです。そこでタッチについても、姿勢を静止姿勢（臥位、座位、立位）と移動姿勢（ハイハイ姿勢、歩行姿勢）にまとめ、移動姿勢

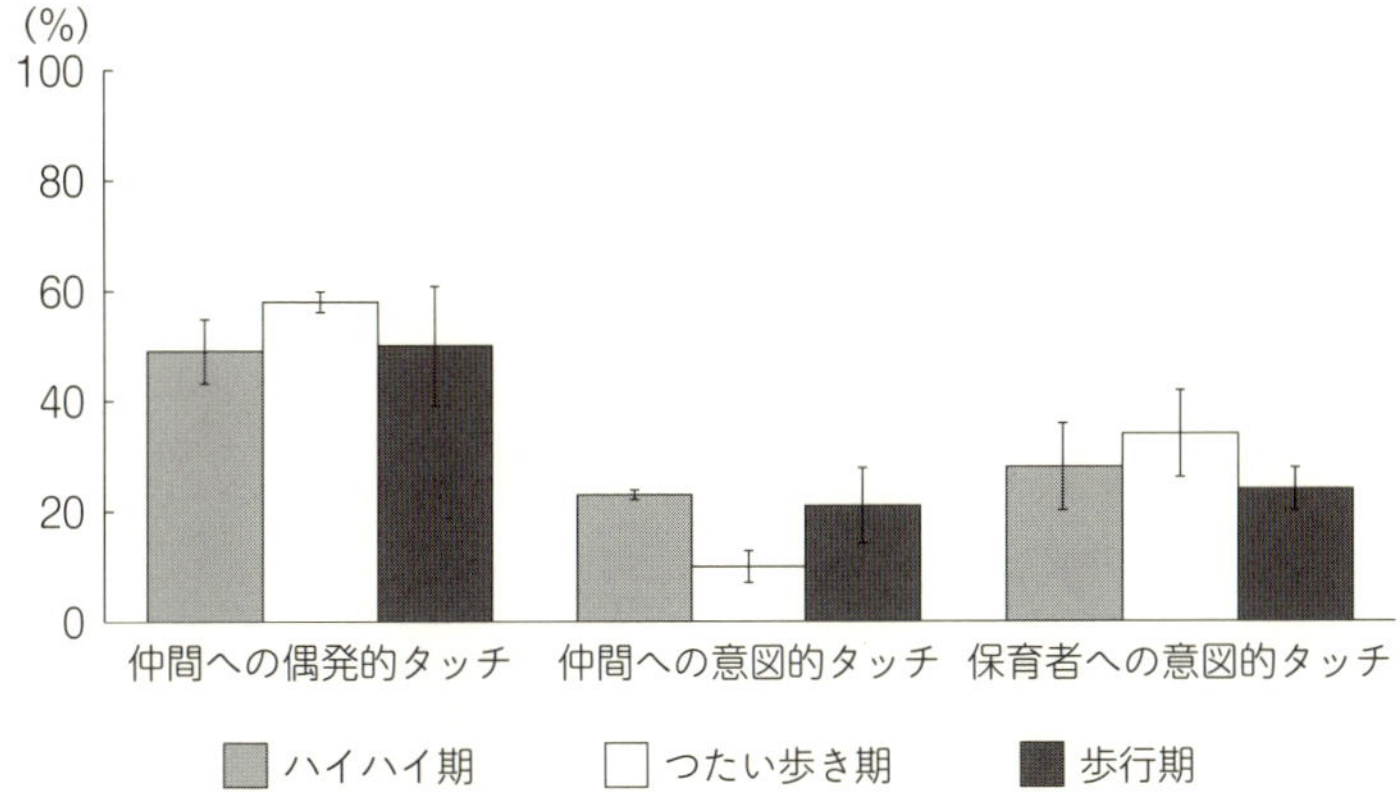


**図 7-7　乳児から仲間への偶発的タッチ，仲間への意図的タッチ，保育者への意図的タッチにおける移動姿勢の平均比率**

（注）　エラーバーは標準誤差。
（出典）　Toyama（2022），Figure 3 より作成。

の比率を算出しました。姿勢も身体部位同様、タッチの過程で変わっていくこともありますが（最初は立位姿勢で手を保育者の肩に接触させ、次に抱きつく姿勢になり、保育者の膝に座り込む等）、ここではタッチが始まった時点の姿勢を分析の対象としています。図７－７は、ロコモーションの各時期における移動姿勢の平均比率です。

　移動姿勢の比率は、意図的タッチより偶発的タッチで高いことがわかります。偶発的タッチはハイハイや歩行で移動する途中で足が相手にあたるなどして起こっており、一方の意図的タッチは乳児が静止姿勢でいるときに起こっていたということです。大人の場合、相手とすれ違う際に、挨拶代わりに手と手をタッチさせることもあります（ハイタッチのように）。しかしロコモーションの発達途上にある乳児では、移動しながら姿勢を安定的に保ち、意図的に相手の身体にタッチすることはまだ難しいのでしょう。そのため、意図的タッチでは移動姿勢の比率が低かったのだと考えられ

## コラム7－2　くすぐり遊び

　タッチを楽しむ遊びの一つがくすぐり遊びです。「こちょこちょー」と声をかけながら、寝そべっている子どものお腹や足をくすぐると、子どもは身体をよじって大喜びします。この遊びの中で、くすぐる大人とくすぐられる子どもが複雑な意図の読み取りをしていることを示した研究があります。

　石島・根ヶ山（二〇一三）は母子一組を対象として、子どもが五～八カ月までの間、約二週に一度、くすぐり遊びをしている場面を撮影しました（図コラム7－2－1）。本書で紹介している研究の多くは映像データを分析したものですが、分析の際には注目すべき行動が出現した箇所にチェックを入れたり、メモしたりするソフトを使います。日本ではフリーで利用できるELAN（EUDICO Linguistic Annotator; マックス・プランク心理言語学研究所）がよく使われますが、この研究ではINTERACT（Mangold社）が使われました。

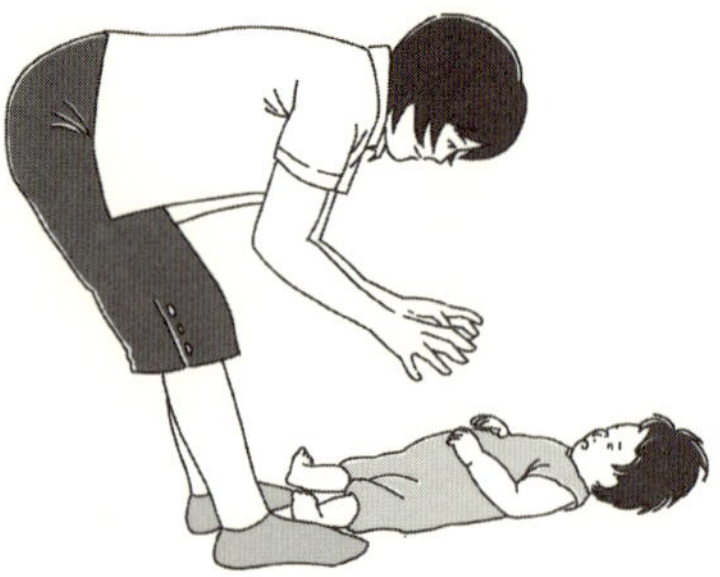

**図コラム 7-2-1　くすぐり**

（出典）石島・根ヶ山（2013）の映像データの一部より作成。

　図コラム7－2－2は、INTERACTとpraatという音声分析ソフトから出力された分析結果（六・五カ月時点）になります（ELANでも同様の分析ができます）。上部の波形は母親の声のピッチを示しており、その下に母親のくすぐり行動A～Dが生起した時間帯が示されています。Aは一箇所の身体部位を指でつつくようにくすぐること、Bは複数の身体部位を連続的にくすぐること、Cは一箇所の身体部位に対して指を何度も屈曲させてくすぐること、Dは子どもの身体には触らず空中であたかもくすぐっているかのように指を動かすことです。この事例には含まれていませんが、他に「一本の指で身体をなぞること」がありました。

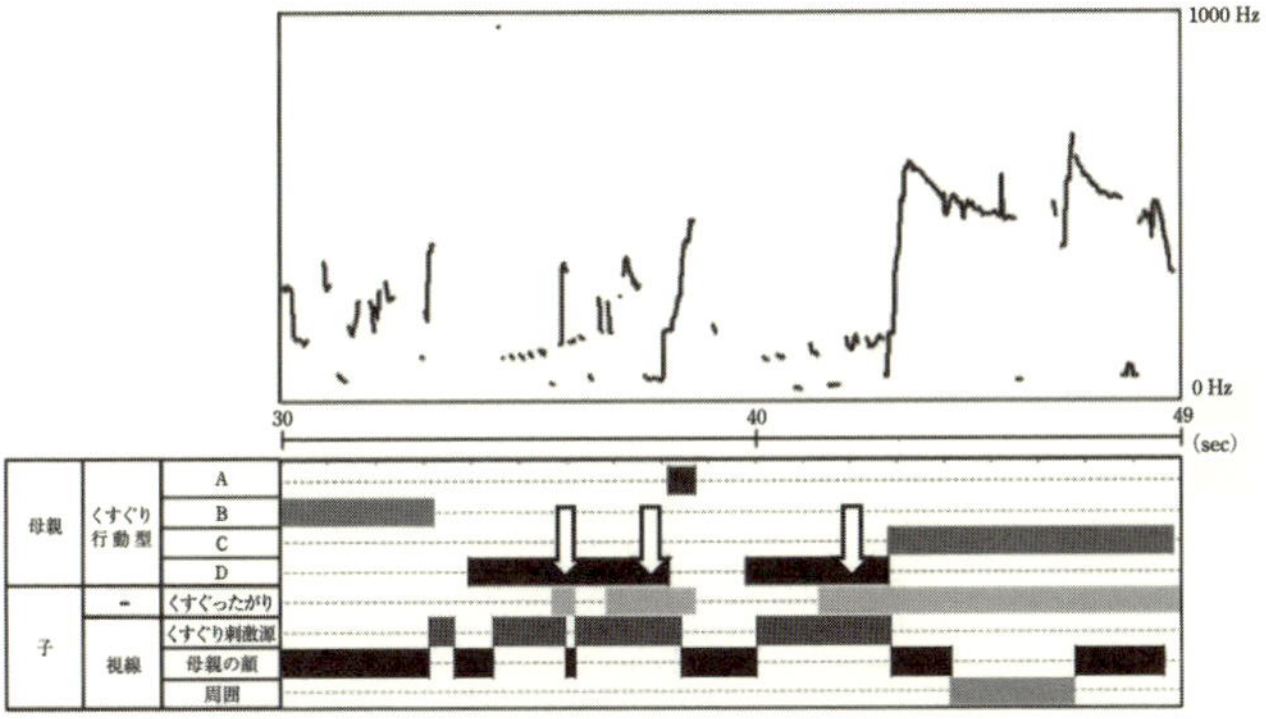


**図コラム 7-2-2　母親の音声と母子の行動**

（出典）　石島・根ヶ山（2013），Figure 7 より許諾を得て転載。

それぞれのくすぐりを想像したうえで図を見てください。母親はまず複数の身体箇所をくすぐり（B）、次に子どもの身体には触らず空中で（「いくぞーいくぞー」のような声をかけながら）指を動かします（D）。その後、身体の一部をつつき（A）、再び空中で指を動かし（D）、最後に、身体の複数箇所を連続的にくすぐっています（C）。石島・根ヶ山は空中で指を動かすDを「くすぐりの焦らし」、最後のくすぐりCを「とどめ」と呼びました。

興味深いことは、母親の指が子どもの身体に接触していない時点、つまり「くすぐりの焦らし」で、くすぐったがり反応が出現していること、そしてその前から子どもの視線が母親の顔とくすぐられる自分の身体部位を行き来していること（交互視）です。六カ月半というかなり早い時期に交互視が認められること、またまだくすぐられてもいないのに、これからのくすぐりを予期して笑ったり身体をよじったりといった反応が見られることは、身体を介することにより、これまで想定された以上に早い時期から三項関係と呼んでもよいような枠組み（石島・根ヶ山は原三項関係と呼んでいます）が成立していることを示唆しています。

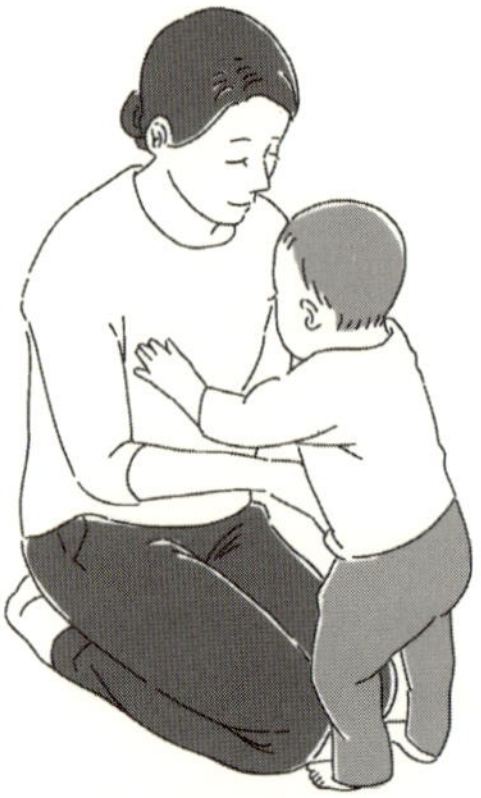

図 7-8　保育者に受け止められて成立するタッチ

ます。

図７−７を見ると、もう一つ気づくことがあります。意図的タッチでも相手が仲間の場合と保育者の場合とでは、移動姿勢の比率が保育者相手の方が高いことです。全期間合計で、移動姿勢の比率は仲間相手の意図的タッチでは一八％、保育者相手では二九％と約一〇％の開きがありました（統計的に有意な差がありました）。タッチは身体を接触する者と接触される者との間で成立する行為です。そのため、たとえ乳児が不安定な姿勢でかかわったとしても、それを受け止めてくれる大きくて安定的な身体があれば、タッチがたんなるアクシデントにならず（偶発的タッチにならず）、意図を伝えるタッチとして成立するのでしょう（図７−８）。逆にいえば、乳児と乳児の間では相手をなぐさめようとして相手の背中をトントンと叩こうとした（観察者からはそのように解釈できる）タッチが、力が入りすぎて相手を倒してしまったり、叩く場所がずれて空振りに終わってしまったりといったことが見られます。

## 5 まとめ

本章で紹介したように、保育園の一番小さい「赤ちゃんクラス」の乳児でも身体を基盤として保育者や仲間と豊かなやりとりを展開していました。仲間がモノを使って面白そうな遊びをしていれば、そこに近づいていって自分も同じようにモノを使ってみる、仲間の身体に自分の身体を接触させてみる等、模倣とタッチは乳児間のやりとりの成立に一役買っていました。とはいえ、乳児期はさまざまな面で発達途上にあるので、限界もあります。たとえば、乳児間の模倣は「ハブ」のような役割を果たす保育者を必要とすること、そして仲間間の意図的タッチは移動途中のように姿勢が不安定な場合には起こりにくいこと等です。乳児が仲間との間で模倣やタッチを通じて仲間とのやりとりを発展させていくためには、大人による足場かけ的支援が必要なのです。それでも、歩行の獲得は仲間に近づいていく機動力や手を移動手段から解放し意図を伝える道具として用いる自由を乳児に与えるという点で、仲間間の相互交渉を進展させるカギとなっているのです。

# 第8章　発達カスケードの多様性と冗長性

外山紀子・西尾千尋・山本寛樹

「生まれてくる子は女の子かな、それとも男の子かな」と、エコー画像を見てみると、ムンクの「叫び」のように手を顔にあてていたり、かと思えば指しゃぶりをしていたりと、胎児はまるで胎内環境を楽しんでいるかのように、さまざまな動きを見せます。誕生前から始まる運動発達はその後も続き、乳児は探索を繰り返しながらさまざまな姿勢・動きを身につけていきます。本書で見たように、歩行の獲得は乳児と環境とのかかわりを大きく変化させ、その影響はさまざまな領域に波及していきます。この章では、これまでの章を振り返りつつ、発達カスケード研究が発達について示唆することをまとめます。

## 1　領域横断的な発達

本書ではロコモーションの中でもとくに歩行を取り上げましたが、歩行はそれ以前に獲得されるハイハイとの間にさまざまな違いがありました。手が移動手段から解放されること、長い距離を短い時間で移動できるようになること、移動中の視界が広くなり、周囲にいる他者（養育者）を見ながらの移動が増えること、そして養育者とかかわる際の距離が遠くなることなどです。

これらの変化は言語領域に波及し、語彙獲得を促進するよう働きました。乳児とモノとのかかわりについても、歩行の獲得をきっかけとして乳児は遠くにあるモノとかかわるようになり、その際に養育者を巻き込むことも多くなりました。歩き始めた乳児は、養育者にモノを見せる、渡す、受け取る、さらにはモノを操作している自分の姿を見るよう要求するなど、とかく養育者に注文をつけつつ、モノとかかわるようになったのです。

乳児のこうした変化は、養育者から乳児へのかかわりとあわせて理解する必要があります。たとえば、乳児が移動しながら養育者にかかわるようになると、ボールを持って近づいてきた乳児に対して、養育者は「ボールね」などとたんにボールについて叙述するのではなく、「投げてごらん」などと動作を指示するようになります。歩行の獲得が養育者による活動的な指示を引き出し、それが乳児のさらなる動きを引き出すというように、乳児と養育者は互いに影響を与え合います。カスケード、すなわち「連なる滝」というと、上から下へと流れ落ちる水を思い浮かべがちですが、滝の流れにも淀みや逆流があるように影響関係も一方向的なものだけではないのです。

歩行の獲得は、保育場面のように複数の仲間、複数の保育者がいる状況での乳児の行動にも変化をもたらしました。歩き始めた乳児は、他者を介したモノとのかかわりを複数の保育者との間で繰り返すようになり、その保育者が「ハブ」となって、乳児間の模倣に発展していくことがありました。手の自由度が高まることから、保育者や仲間への意図的タッチが増え、乳児はタッチを通して愛情や怒

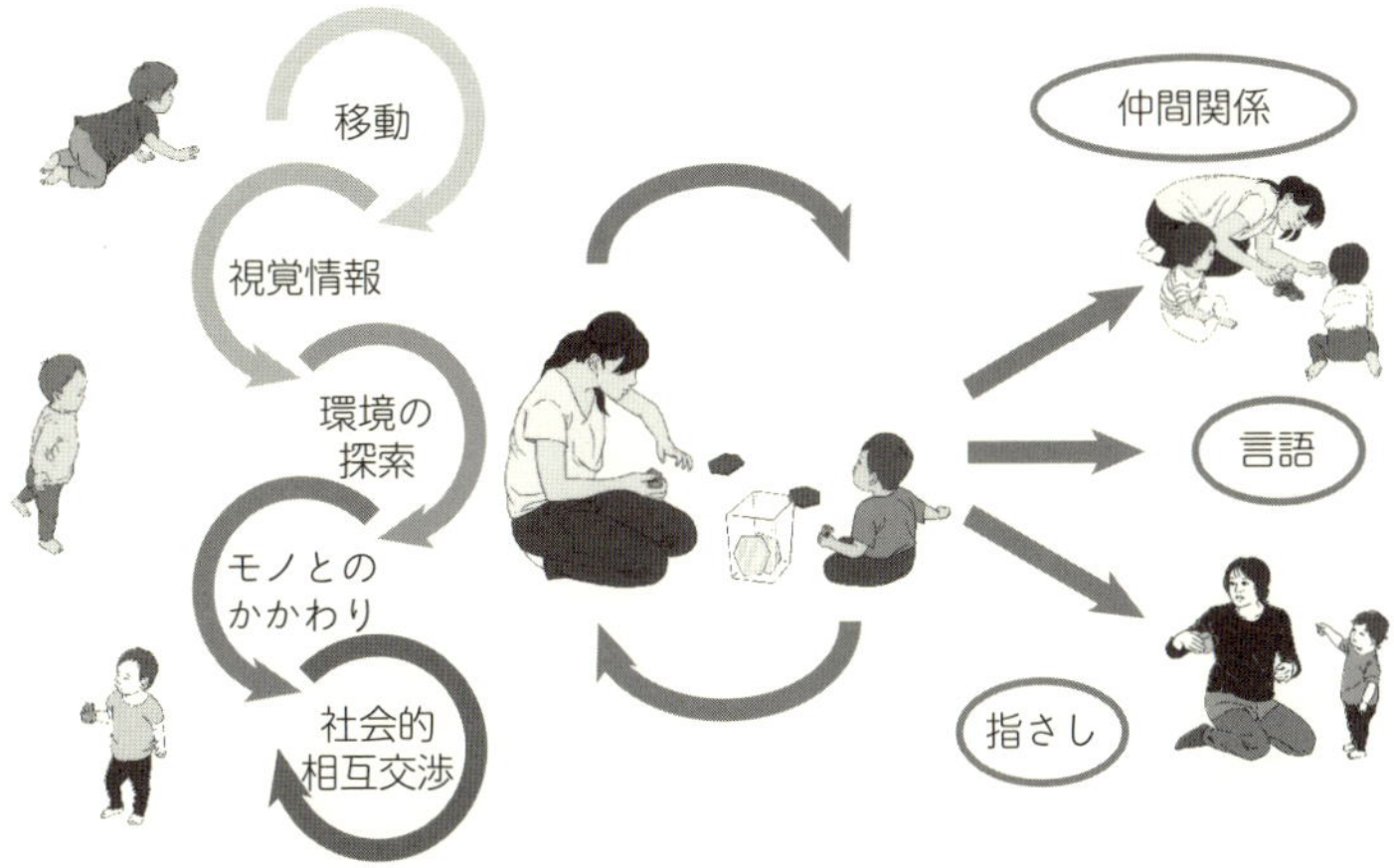


**図 8-1　ロコモーションの発達の領域横断的な波及効果**

りを伝えるようにもなりました。歩行は、仲間関係の構築や社会的相互交渉にも波及していったのです。

図８－１は、本書で検討した発達カスケードの一端を表したものです。ロコモーションの発達は視覚情報、環境の探索、モノとのかかわり、養育者との社会的相互交渉など、姿勢・運動領域とは異なる領域に次々と影響を与え、それがさらに言語、仲間関係、指さしなどへも波及していきます。

なぜロコモーションという姿勢・運動領域の発達が、このようなさまざまな領域の発達的変化を導いていったのでしょうか。その理由は、乳児の発達は、乳児一人ひとりの発達の軌跡を背景に、その時点での多数の要素の相互作用を通して生じるということにあります。乳児の姿勢・運動領域の発達は、乳児と実世界との相互作用に変化をもたらすことで、次なる変化の素地を形づくります。乳児が新たに獲得した姿勢・身体で動き、考え、他者とコミュニケーションすることを通して、さまざまな領域の発達が導かれていくのです。第２章でも紹介したダイナミックシステム・アプローチは、発達を①乳児一人ひとりに固有の発達の軌跡に埋め込まれた「歴史性」をもつものとして、また、②多数の要素の相互作用によって生じる「創発性」をもつものとして捉える視点を強調するものでした。本書で紹介した研究の多くは、乳児の発達の軌跡を運動発達から捉えた場合に見えてくる、子どもと環境との相互作用の変化を明らかにしたものです。発達カスケード研究の意義の一つは、運動発達を起点とする相互作用の分析を通して、さまざまな領域の発達に姿勢・運動領域の発達が密接に結びついていること、すなわち「発達の領域横断性」を実証的に検討してきた点にあると言えるでしょう。乳児一人ひとりの発達の軌跡において「すべてはつながっている（"It's all connected"）」（Smith, 2013）のです。

## 2 タイミング

巨視的に多くの乳児を眺めた場合、ハイハイの次に歩行が生じるように、発達には順序だった系統的変化があるように見えます。しかし、微視的により少数の乳児を眺めていった場合、発達はある時点における多数の要素の相互作用によって、場当たり的に進むものであり、それまでの発達の軌跡によって異なる様相を見せることに気がつきます。

このことは運動発達を起点とする発達カスケードにもあてはまります。新しい姿勢・運動能力を獲得すると、乳児はその時点でもっているものを活用して、新たな経験に対処しようとします。そのため歩行を獲得するとしても、歩行獲得のタイミングが異なれば、その後の変化も異なることがあります（West & Iverson, 2021）。

歩行の獲得時期に個人差があることは、本書でも述べました。第6章で紹介した保育園ゼロ歳児クラスのデータでは、最も早く歩き始めた乳児と最も遅かった乳児の間に約半年の開きがありました。標準的には歩行の獲得時期は一三カ月頃とされていますが、この時期は初語（first word）の獲得時期とも重なり、コミュニケーション能力は急速に発達します。そのため、歩行の獲得時点で乳児がどの程度のコミュニケーション能力を有しているかによって、変化する（活性化する）コミュニケーションの様相は異なります（West & Iverson, 2021）。歩行を早い時期に獲得した乳児と遅かった乳児のコミュニケーションを比較した研究を二つ紹介します。

一つ目の研究では、九カ月児とその養育者（母親）を乳児が一四カ月になるまでの間に三回、家庭で観察しました（Biringen et al., 1995）。九カ月時点ではどの乳児もまだ歩き始めていませんでしたが、一二カ月までの間に歩き始めた乳児（早発群：earlier walkers）と、一二〜一四カ月までの間に歩き始めた乳児（後発群：later walkers）がいました。どちらの群でも歩行を獲得すると、養育者に笑顔を向けたり楽しそうな声を出したりといったポジティブなコミュニケーションだけでなく、騒いだり泣いたりといったネガティブなコミュニケーションが増えました。しかしこうした変化は、早発群の乳児により顕著に示されました。一方、別の研究では後発群の乳児について、異なるコミュニケーションの変化が認められています（West & Iverson, 2021）。乳児と養育者の家庭での遊び場面を縦断的に観察し、歩行開始前後それぞれ四カ月間のデータを分析したところ、歩行開始とともに指さしや手さし、モノを見せる等の直示的ジェスチャー（deictic gesture：指示対象を示すジェスチャー）が増え、ジェスチャーや発声に移動が組み合わされるようになったのです。そしてこの変化は歩行の獲得月齢が高い乳児についてより顕著に示されました。

これら二つの研究からわかることは、歩行の獲得時期によって、影響を受けるコミュニケーションが異なるということです。歩行の標準的な獲得時期（一三カ月頃）はちょうどコミュニケーション能力も大きく変化する頃で、乳児のコミュニケーションは表情や身体の向き、動き、発声などによって情動や欲求を伝えるものから、手さしや指さし等のジェスチャーを用いた、言語により近いものへと変化していきます。早く歩き始めた乳児の場合、その時点で優勢的であった情動や欲求を伝えるコミュニケーションが、一方、遅くに歩き始めた乳児の場合には、それより遅れて発達してくる指さし等を用いたコミュニケーションが、歩行の獲得によって刺激されて高まったのだと考えられます（West & Iverson, 2021）。

ダイナミックシステム・アプローチでは、発達を多数の複雑な要素が相互作用するシステムの変化として捉えています。たとえば四つ這いでお尻を揺らすロッキングが見られなくなった頃にハイハイが始まるように、いっとき安定的な状態だったシステムの状態も時間の経過とともに変化していきます。歩行のようにとても安定していて人生の長い期間、ロコモーションの基礎になるシステムもあります。その時々によって安定したシステムを構成する要素は異なり、システムに強い影響を与える要素も異なります。先に挙げた研究のように、情動の発達やコミュニケーションの方法の変化といった要素が、歩き始めるという要素と相互作用して、新たなシステムとして現れたのだと解釈できます。

## 3　経路の多様性と冗長性

さらに微視的に、乳児一人ひとりの発達に目を向けてみましょう。巨視的に見た場合は順序だった変化があるように見えた乳児の発達も、乳児一人ひとりの発達の軌跡を眺めると、多様性と冗長性に富んでいることに気がつきます。このような乳児一人ひとりの発達の軌跡は、連なる滝の流れ（カスケード）にたとえることができるでしょう。第1章（図1-1）の「連なる滝」の写真からわかるように、滝の水が流れ落ちる経路はいくつもありますが（多様性）、そのどれを通っても水はいずれ同じところに流れ落ちます（冗長性）。流れは途中で分岐しても、その先には合流地点があるのです。発達もこれと同じように、子どもによってどの経路を辿るかは異なります。

ロコモーションの場合、前述のように獲得時期に個人差があるだけでなく、動きの形もさまざまです。ハイハイというと、膝と掌を床につけて移動する形を思い浮かべる人が多いかもしれません。しかし、膝を床につけず、お腹とお尻を高い位置に保ったまま移動する高這いも、逆にうつ伏せ状態で腹部を床につけ、そのまま脚で床を蹴るようにして移動するずり這いも、さらには片足を立てた状態で、つまり左右が異なる形で移動する非対称なハイハイもあります（第2章図2-7）。ハイハイの移動速度も乳児によって異なります。ハイハイをしないで歩き始める乳児も昔からある程度いるようです。一九八〇年代のイギリスの調査では一七％がハイハイをせずに歩行を開始しました。ここには身にまとう服も関係するようで、一九〇〇年前後のアメリカでは長いガウンのような服を乳児に着せていたため、四〇％程度の乳児がハイハイをしなかったという報告もあります（Adolph et al., 2010 のレビューを参照）。日本のように住宅が狭かったり、床に家具や雑貨が置かれてあったりして、十分な広さが確保できない等の事情も、もしかすると関係するかもしれません。多くの乳児はある時期になると歩行を獲得していくものの、歩行に至る経路は一つではないのです（Oakes, 2023）。遺伝的にある程度プログラムされている解剖学的・生理学的要素と、乳児の内在的なダイナミクス、そして乳児を取り巻く環境の特徴が発達のある時期に噛み合って、歩行という安定したシステムとして現れるからでしょう。

## 4　文化と発達カスケード

乳児を取り巻く環境において、乳児の発達経路を方向づける特徴の一つに、「文化」があります。日常的な育児習慣や育児における目標設定には多くの地域差・文化差が報告されています（Prevoo & Tamis-LeMonda, 2017）。家族の誰が育児の主たる担い手になるかも、文化によってさまざまです（Sear, 2016）。育児習慣にさまざまな文化差が存在することを真剣に捉えるならば、発達カスケードのあり方も文化によって多様であることが予想されます。しかし、これまでの発達心理学研究の多くは、西洋の、教育水準が高く、工業化され、裕福で、民主的な（Western, educated, industrialized, rich and democratic: WEIRD）文化圏の参加者に偏って実施されてきた経緯があります（Nielsen et al., 2017）。「ＷＥＩＲＤ」は「奇妙な」と訳されますが、子どもの発達を問題にしているのに、ある特殊な環境下で育つ子どもだけを対象にしてきたという、まさに「奇妙な」ことが行われてきたのです。この反省を踏まえ、近年では非ＷＥＩＲＤ文化圏の参加者を対象にした発達心理学研究も多く実施されるようになってきました。とくに、非ＷＥＩＲＤ文化圏におけるある種の育児習慣は、運動発達を起点とする発達カスケードの多様性と冗長性の検討を可能にするものとして、研究者の注目を集めています。

乳児を固定しておく育児習慣をご存じでしょうか。図８‐２Ａはタジキスタンで現在でも使われているガヴォラと呼ばれるゆりかご、Ｂはかつての日本で使われていたエジコ（別称としてイズミ、イズ

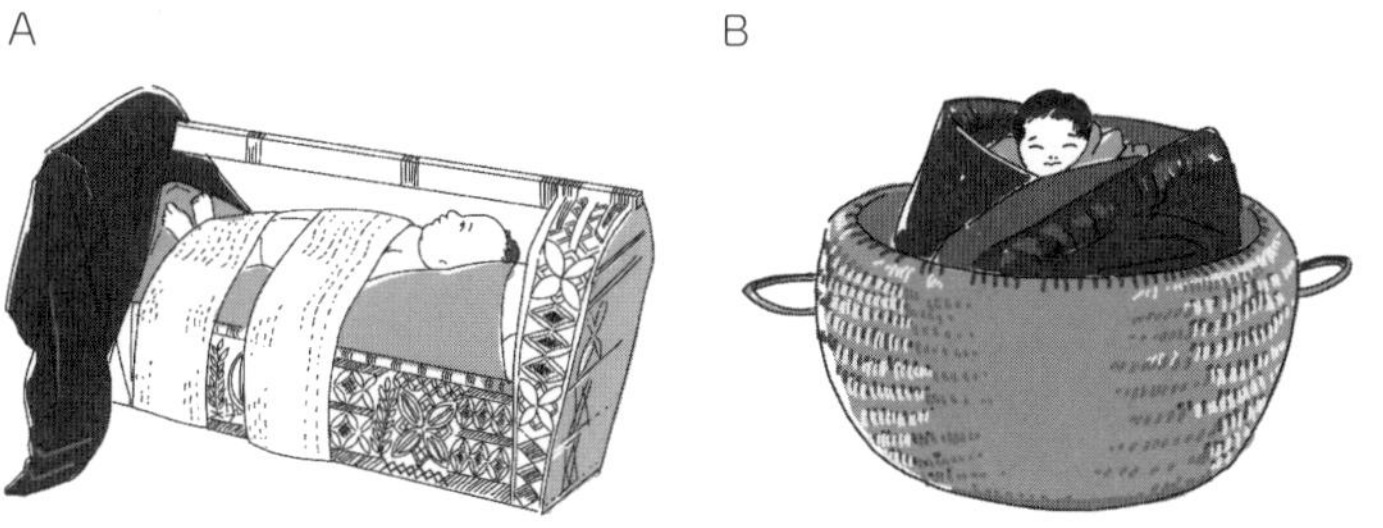


図 8-2　ガヴォラとエジコ

メ、ツグラ、ツブラ、クルミ、フゴ等、藁や竹などを浅い筒型に編み上げた器状のもの）です。ガヴォラでもエジコでも生まれたばかりの乳児はここに入れられ、動きも移動も制限された状態で、一日の多くの時間をすごします。日本のエジコについては「誕生後1週間から1～3歳になる頃までエジコに入れておいた」「3～4歳になるまで長く入れていた場合には歩き出しが遅かった」「子どもがエジコから這い出てこないよう帯やひもで固定していた」といった記録があります（阿部他、二〇一四）。こうした育児習慣が複数の文化圏で認められるのは、乳児を固定しておくことでケガを防止できるとか、固定しておくとよく寝るといったメリットがあったのかもしれません。

タジキスタンで縦断的な調査を行った研究（Karasik et al., 2018）によれば、多くの家庭で子どもの誕生二週間以内にはガヴォラを使い始めていたとのことです。ガヴォラに乳児を入れておく時間は月齢が上がるとともに減少したものの、約五人に一人の乳児は一歳を過ぎても、一日に一五時間以上ガヴォラに入れられていました。長い時間、ガヴォラに固定されているのですから、乳児は自由に移動できません。そのため、ガヴォラで養育されている乳児はハイハイや歩行の開始時期が北米や現代日本など、乳児の移動を大きく制限しない文化で育つ乳児より遅くなると予想されます。タジキスタンの乳幼児（八～二四カ月、四～五歳）を対象としてガヴォラによる養育経験とロコモーションの発達を調べ、それを北米の標準的な発達と比較したところ、乳児については予想通りの差が認められました（Karasik et al., 2023）。一二カ月までに歩行を始めた乳児は北米ではほぼ半数でしたが、タジキスタンではほとんどいませんでした。しかし、四～五歳までにはその差が解消されたというのです。流れの経路は違っても、いずれ同じ場所に流れ落ちるという発達カスケードの特徴をよく示す例と言えるでしょう（Oakes, 2023）。

本書の著者三名は乳児期のロコモーションに視点をおき、その発達が乳児と世界のかかわりにどう波及していくかを研究しています。著者らの研究対象は現代日本に育つ子どもが主となりますが、日本の乳児に関する知見が他の文化にあてはまるとは限りません。また、発達を取り巻く環境や育児習慣は時代によっても変化しているので、現代日本の発達カスケードの知見がかつての（あるいは将来の）日本にもあてはまることを保証するわけでもありません。本書で述べた知見は、ある時代・ある集団において一般化可能な性質を備えたものではあるものの、同時に、世界に起こりうる多様な発達経路の一つであることにも留意する必要があるでしょう。

## 5　おわりに

ダイナミックシステム・アプローチの提唱者の一人であるスミスは、発達を一人ひとりの独自な旅にたとえました（"Development is a personal journey"; Smith et al., 2018）。乳児の発達はさまざまなイベントの連続であり、あるイベントが次のイベントを導くように進んでいきます。身体、生活空間や世界の構造、文化や進化は、乳児の旅路を制約あるいは方向づけ、複数の乳児に共通して見られるようなイベントを導きます。ただ、個人間で共通するイベントが見られたとしても、乳児の旅路は決定されているわけではありません。同じ旅行先に行った旅人一人ひとりが異なる旅のストーリーをもつように、その時その場での乳児と世界とのかかわりの中で、個人に固有な発達の軌跡が形づくられていきます。乳児の発達の全容を理解するうえでは、発達の共通性と個別性を、さまざまな時間スケールや空間スケールで明らかにしていくことが重要でしょう。

本書では、乳児に起こるイベントの中でもとくに歩行に焦点をあて、歩行が乳児の発達を形づくるプロセスを扱ってきました。本書で紹介された発達カスケード研究の多くは、地域や時代に限定されつつも、比較的多くの乳児に共通する性質を追求してきたものでした。一方で、「発達は究極的には乳児一人ひとりに固有なものである」ということを真剣に捉えるならば、今後、発達カスケード研究においても発達の個別性に焦点をあてた研究が必要でしょう。残念ながら現代心理学において発達の個別性を扱う方法論は十分に整備されているとは言えませんが、第2章でテーレン他が実施したような少数の乳児を対象とした縦断研究は、将来的に発達カスケードの個別性を探究する足がかりになるかもしれません。

これまでも、これからも、世界は多様な発達の軌跡に満ちています。今後も発達カスケードに関心をもつ研究者は、環境とかかわる一人ひとりの乳児の旅路から、その共通性と個別性を生む原理を明らかにするべく、研究という旅を続けていくことでしょう。

Smith, L. B., Jayaraman, S., Clerkin, E., & Yu, C. (2018). The developing infant creates a curriculum for statistical learning. *Trends in Cognitive Sciences, 22*, 325-336.

West, K. L., & Iverson, J. M. (2021). Communication changes when infants begin to walk. *Developmental Science, 24*, Article e13102.

Stack, D. M. (2001). The salience of touch and physical contact during infancy: Unraveling some of the mysteries of the somesthetic sense. In G. Bremner & A. Fogel (Eds.), *Blackwell handbook of infant development* (pp. 351-378). Blackwell Publishing.

Toyama, N. (2022). Developmental changes in infants' physical contact with others across the transitional period from crawling to walking. *Infant and Child Development, 31*, Article e2288.

Toyama, N. (2023). Imitation among infants in ad day-care center and the development of locomotion. *Infant Behavior and Development, 72*, Article 101870.

Tracy, R. L., & Ainsworth, M. S. (1981). Maternal affectionate behavior and infant-mother attachment patterns. *Child Development, 52*, 1341-1343.

Twardosz, S., Botkin, D., Cunningham, J. L., Weddle, K., Sollie, D., & Shreve, C. (1987). Expression of affection in day care. *Child Study Journal, 17*, 133-151.

## 第8章

阿部和子・柴崎正行・阿部栄子・是澤博昭・坪井瞳・加藤紫織 (2014).「近現代日本における育児行為と育児用品にみられる子育ての変化に関する一考察」『人間生活文化研究』*24*, 245-264.

Adolph, K., Karasik, L., & Tamis-LeMonda, C. B. (2010). Moving skills. In M. H. Bornstein (Eds.), *Handbook of cultural developmental science* (pp. 61-88). Psychology Press.

Biringen, Z., Emde, R. N., Campos, J. J., & Appelbaum, M. I. (1995). Affective reorganization in the infant, the mother, and the dyad: The role of upright locomotion and its timing. *Child Development, 66*, 499-514.

Karasik, L. B., Adolph, K. E., Fernandes, S. N., Robinson, S. R., & Tamis-LeMonda, C. S. (2023). Gahvora cradling in Tajikistan: Cultural practices in associations with motor development. *Child Development, 94*, 1049-1067.

Karasik, L. B., Tamis-LeMonda, C. S., Ossmy, O., & Adolph, K. E. (2018). The ties that bind: Cradling in Tajikistan. *PLoS ONE, 13*, Article e0204428.

Nielsen, M., Haun, D., Kärtner, J., & Legare, C. H. (2017). The persistent sampling bias in developmental psychology: A call to action. *Journal of Experimental Child Psychology, 162*, 31-38.

Oakes, L. M. (2023). Understanding developmental cascades and experience: Diversity matters. *Infancy, 28*, 492-506.

Prevoo, M. J., & Tamis-LeMonda, C. S. (2017). Parenting and globalization in western countries: Explaining differences in parent-child interactions. *Current Opinion in Psychology, 15*, 33-39.

Sear, R. (2016). Beyond the nuclear family: An evolutionary perspective on parenting. *Current Opinion in Psychology, 7*, 98-103.

Smith, L. B. (2013). It's all connected: Pathways in visual object recognition and early noun learning. *American Psychologist, 68*, 618-629.

Eckerman, C. O., Whatley, J. L., & Kutz, S. L. (1975). Growth of social play with peers during the second year of life. *Developmental Psychology*, *11*, 42-49.

Ferber, S. G. (2004). The nature of touch in mothers experiencing maternity blues: The contribution of parity. *Early Human Development*, *79*, 65-75.

Field, T. (2010). Touch for socioemotional and physical well-being: A review. *Developmental Review*, *30*, 367-383.

Field, T., Harding, J., Soliday, B., Lasko, D., Gonzalez, N., & Valdeon, C. (1994). Touching in infant, toddler, and preschool nurseries. *Early Child Development and Care*, *98*, 113-120.

Fleck, B., & Chavajay, P. (2009). Physical interactions involving preschoolers and kindergartners in a childcare center. *Early Childhood Research Quarterly*, *24*, 46-54.

Fogel, A. (1979). Peer vs. mother directed behavior in 1- to 3-month-old infants. *Infant Behavior and Development*, *2*, 215-226.

Hay, D. F., Caplan, M., & Nash, A. (2018). The beginnings of peer relations. In W. M. Bukowski, B. Laursen, & K. H. Rubin (Eds.), *Handbook of peer interactions, relationships, and groups* (2nd ed., pp. 200-221). Guilford Press.

Herrera, E., Reissland, N., & Shepherd, J. (2004). Maternal touch and maternal child-directed speech: Effects of depressed mood in the postnatal period. *Journal of Affective Disorders*, *81*, 29-39.

Howe, N., Rosciszewska, J., & Persram, R. (2018). “I'm an ogre so I'm very hungry!” “I'm assistant ogre”: The social function of sibling imitation in early childhood. *Infant and Child Development*, *27*, Article e2040.

石島このみ・根ヶ山光一 (2013).「乳児と母親のくすぐり遊びにおける相互作用 ── 文脈の共有を通じた意図の読みとり」『発達心理学研究』*24*, 326-336.

Lahat, A., Perlman, M., Howe, N., Recchia, H. E., Bukowski. W. M., Santo, J. B., Luo, Z., & Ross, H. (2023). Change over time in interactions between unfamiliar toddlers. *International Journal of Behavioral Development*, *47*, 21-34.

Meltzoff, A. N., & Moore, M. K. (1983). Newborn infants imitate facial gestures. *Child Development, 54*, 702-709.

Montagu, A. (1971). *Touching: The human significance of the skin*. Columbia University Press.（佐藤信行・佐藤方代訳，1977『タッチング ── 親と子のふれあい』平凡社）

Parten, M. B. (1932). Social participation among pre-school children. *The Journal of Abnormal and Social Psychology*, *27*, 243-269.

ポルトマン，A.，高木正孝訳 (1961).『人間はどこまで動物か ── 新しい人間像のために』岩波書店

Roopnarine, J. L., & Field, T. M. (1983). Peer-directed behaviors of infants and toddlers during nursery school play. *Infant Behavior and Development*, *6*, 133-138.

189.

Liszkowski, U., Brown, P., Callaghan, T., Takada, A., & de Vos, C., (2012). A prelinguistic gestural universal of human communication. *Cognitive Science, 36*, 698-713.

Liszkowski, U., & Tomasello, M. (2011). Individual differences in social, cognitive, and morphological aspects of infant pointing. *Cognitive Development, 26*, 16-29.

宮津寿美香 (2018).「発達に伴う『指さし行動』の質的変化──『一人指さし行動』から『伝達的指さし行動』へ」『保育学研究』*56*, 30-38.

大藪泰 (2020).『共同注意の発達──情動・認知・関係』新曜社

Paulus, M., Kammermeier, M., & Melzel, S. (2023). The emergence of pointing as a communicative gesture: Age-related differences in infants' non-social and social use of the index finger. *Cognitive Development, 65,* Article 101298.

Soska, K. C., Robinson, S. R., & Adolph, K. E. (2015). A new twist on old ideas: How sitting reorients crawlers. *Developmental Science, 18*, 206-218.

Striano, T., & Bertin, E. (2005). Social-cognitive skills between 5 and 10 months of age. *British Journal of Developmental Psychology, 23*, 559-568.

Striano, T., Stahl, D., & Cleveland, A. (2009). Taking a closer look at a social and cognitive skills: A weekly longitudinal assessment between 7 and 10 months of age. *European Journal of Developmental Psychology, 6*, 567-591.

Tomasello, M. (1999) *The cultural origins of human cognition*. Harvard University Press.（大堀壽夫・中澤恒子・西村義樹・本多啓訳, 2006『心とことばの起源を探る──文化と認知』勁草書房）

Toyama, N. (2020). Social exchanges with objects across the transition from crawling to walking. *Early Child Development and Care, 190*, 1031-1041.

## 第７章

Adamson, L. B., & Bakeman, R. (1985). Affect and attention: Infants observed with mothers and peers. *Child Development, 56*, 582-593.

Aldrich, N. J., Brooks, P. J., Yuksel-Sokmen, P. O., Ragir, S., Flory, M. J., Lennon, E. M., Karmel, B. Z., & Gardner, J. M. (2015). Infant twins' social interactions with caregivers and same-age siblings. *Infant Behavior and Development, 41*, 127-141.

Bowlby, J. (1969). *Attachment and loss*. Basic Books.（黒田実郎・大羽蓁・岡田洋子・黒田聖一訳, 1991『母子関係の理論── I　愛着行動〔新版〕』岩﨑学術出版社）

Cigales, M., Field, T., Hossain, Z., Pelaez-Nogueras, M., & Gewirtz, J. (1996). Touch among children at nursery school. *Early Child Development and Care, 126*, 101-110.

Eckerman, C. O., & Didow, S. M. (1988). Lessons drawn from observing young peers together. *Acta Paediatr, 77*, 55-70.

## 第 6 章


Bakeman, R., & Adamson, L. B. (1984). Coordinating attention to people and objects in mother-infant and peer-infant interaction. *Child Development, 55*, 1278-1289.

Behne, T., Liszkowski, U., Carpenter, M., & Tomasello, M. (2012). Twelve-month-olds' comprehension and production of pointing. *British Journal of Developmental Psychology, 30*, 359-375.

Carpendale, J. I. M., & Carpendale, A. B. (2010). The development of pointing: From personal directedness to interpersonal direction. *Human Development, 53*, 110-126.

Carpenter, M., Nagell, K., & Tomasello, M. (1998). *Social cognition, joint attention, and communicative competence from 9 to 15 months of age. Monographs of the Society for Research in Child Development*, vol. 63. University of Chicago Press.

Clearfield, M. W. (2011). Learning to walk changes infants' social interactions. *Infant Behavior and Development, 34*, 15-25.

Colonnesi, C., Stams, G. J. J.M., Koster, I., & Noom, M. J. (2010). The relation between pointing and language development: A meta-analysis. *Developmental Review, 30*, 352-366.

Desrochers, S., Morissette, P., & Ricard, M. (1995). Two perspectives on pointing in infancy. In C. Moore & P. J. Dunham (Eds.), *Joint attention: Its origins and role in development* (pp. 85-101). Lawrence Erlbaum Associates.

Dosso, J. A., & Boudreau, J. P. (2014). Crawling and walking infants encounter objects differently in a multi-target environment. *Experimental Brain Research, 232*, 3047-3054.

Dunphy-Lelii, S., LaBounty, J., Lane, J. D., & Wellman, H. M. (2014). The social context of infant intention understanding. *Journal of Cognition and Development, 15*, 60-77.

Karasik, L., Adolph, K. E., Tamis-LeMonda, C. S., & Zuckerman, A. L. (2012). Carry on: Spontaneous object carrying in 13-month-old crawling and walking infants. *Developmental Psychology, 48*, 389-397.

Karasik, L. B., Tamis-LeMonda, C. S., & Adolph, K. E. (2011). Transition from crawling to walking and infants' actions with objects and people. *Child Development, 82*, 1199-1209.

Karasik, L. B., Tamis-LeMonda, C. S., & Adolph, K. E. (2014). Crawling and walking infants elicit different verbal responses from mothers. *Developmental Science, 17*, 388-395.

Kishimoto, T. (2017). Cross-sectional and longitudinal observations of pointing gestures by infants and their caregivers in Japan. *Cognitive Development, 43*, 235-244.

厚生労働省 (2011).「乳幼児身体発育調査── 調査結果の概要」https://www.mhlw.go.jp/toukei/list/dl/73-22-01.pdf

厚生労働省 (2022).「保育所等関連状況取りまとめ（令和 4 年 4 月 1 日）」https://warp.da.ndl.go.jp/info:ndljp/pid/12862028/www.mhlw.go.jp/content/11922000/000979606.pdf

Leavens, D. A., Hopkins, W. D., & Bard, K. A. (2005). Understanding the point of chimpanzee pointing: Epigenesis and ecological validity. *Current Directions in Psychological Science, 14*, 185-

Tomasello, M., & Todd, J. (1983). Joint attention and lexical acquisition style. *First Language, 4*, 197-211.

Walle, E. A., & Campos, J. J. (2014). Infant language development is related to the acquisition of walking. *Developmental Psychology, 50*, 336-348.

Warlaumont, A. S., Sobowale, K., & Fausey, C. M. (2022). Daylong mobile audio recordings reveal multitimescale dynamics in infants' vocal productions and auditory experiences. *Current Directions in Psychological Science, 31*, 12-19.

Wass, S. V., Smith, C. G., Clackson, K., Gibb, C., Eitzenberger, J., & Mirza, F. U. (2019). Parents mimic and influence their infant's autonomic state through dynamic affective state matching. *Current Biology, 29*, 2415-2422.

Watt, R., Craven, B., & Quinn, S. (2007). A role for eyebrows in regulating the visibility of eye gaze direction. *Quarterly Journal of Experimental Psychology, 60*, 1169-1177.

West, K. L., & Iverson, J. M. (2021). Communication changes when infants begin to walk. *Developmental Science, 24*, Article e13102.

West, K. L., Saleh, A. N., Adolph, K. E., & Tamis-LeMonda, C. S. (2023). "Go, go, go!" Mothers' verbs align with infants' locomotion. *Developmental Science, 26*, Article e13397.

Yamamoto, H., Sato, A., & Itakura, S. (2019). Eye tracking in an everyday environment reveals the interpersonal distance that affords infant-parent gaze communication. *Scientific Reports, 9*, Article 10352.

Yamamoto, H., Sato, A., & Itakura, S. (2020). Transition from crawling to walking changes gaze communication space in everyday infant-parent interaction. *Frontiers in Psychology, 10*, Article 2987.

Yu, C., & Smith, L. B. (2013). Joint attention without gaze following: Human infants and their parents coordinate visual attention to objects through eye-hand coordination. *PLoS ONE, 8*, Article e79659.

Yu, C., & Smith, L. B. (2016). The social origins of sustained attention in one-year-old human infants. *Current Biology, 26*, 1235-1240.

Yu, C., & Smith, L. B. (2017a). Hand-eye coordination predicts joint attention. *Child Development, 88*, 2060-2078.

Yu, C., & Smith, L. B. (2017b). Multiple sensory-motor pathways lead to coordinated visual attention. *Cognitive Science, 41*, 5-31.

Yu, C., Suanda, S. H., & Smith, L. B. (2019). Infant sustained attention but not joint attention to objects at 9 months predicts vocabulary at 12 and 15 months. *Developmental Science, 22*, Article e12735.

different verbal responses from mothers. *Developmental Science*, *17*, 388-395.

Kobayashi, H., & Kohshima, S. (1997). Unique morphology of the human eye. *Nature*, 387, 767-768.

Kretch, K. S., Franchak, J. M., & Adolph, K. E. (2014). Crawling and walking infants see the world differently. *Child Development*, *85*, 1503-1518.

Lee, C., & Lew-Williams, C. (2023). The dynamic functions of social cues during children's word learning. *Infant and Child Development*, *32*, Article e2372.

Markus, J., Mundy, P., Morales, M., Delgado, C. E., & Yale, M. (2000). Individual differences in infant skills as predictors of child-caregiver joint attention and language. *Social Development*, *9*, 302-315.

Mundy, P., & Newell, L. (2007). Attention, joint attention, and social cognition. *Current Directions in Psychological Science*, *16*, 269-274.

Okumura, Y., Kanakogi, Y., Kanda, T., Ishiguro, H., & Itakura, S. (2013). The power of human gaze on infant learning. *Cognition*, *128*, 127-133.

Scaife, M., & Bruner, J. S. (1975). The capacity for joint visual attention in the infant. *Nature*, *253*, 265-266.

Schneider, J. L., & Iverson, J. M. (2022). Cascades in action: How the transition to walking shapes caregiver communication during everyday interactions. *Developmental Psychology*, *58*, 1-16.

Senju, A., & Csibra, G. (2008). Gaze following in human infants depends on communicative signals. *Current Biology*, *18*, 668-671.

Smith, L. B., Jayaraman, S., Clerkin, E., & Yu, C. (2018). The developing infant creates a curriculum for statistical learning. *Trends in Cognitive Sciences*, *22*, 325-336.

Suarez-Rivera, C., Schatz, J. L., Herzberg, O., & Tamis-LeMonda, C. S. (2022). Joint engagement in the home environment is frequent, multimodal, timely, and structured. *Infancy*, *27*, 232-254.

Suarez-Rivera, C., Smith, L. B., & Yu, C. (2019). Multimodal parent behaviors within joint attention support sustained attention in infants. *Developmental Psychology*, *55*, 96-109.

Tang, Y., Gonzalez, M. R., & Deák, G. O. (2024). The slow emergence of gaze- and point-following: A longitudinal study of infants from 4 to 12 months. *Developmental Science*, *27*, Article e13457.

Thurman, S. L., & Corbetta, D. (2020). Using network analysis to capture developmental change: An illustration from infants' postural transitions. *Infancy*, *25*, 927-951.

Tomasello, M. (1995). Joint attention as social cognition. In C. Moore & P. J. Dunham (Eds.), *Joint attention: Its origins and role in development* (pp. 103-130). Lawrence Erlbaum Associates.

Tomasello, M., Carpenter, M., & Liszkowski, U. (2007). A new look at infant pointing. *Child Development*, *78*, 705-722.

Tomasello, M., & Farrar, M. J. (1986). Joint attention and early language. *Child Development*, *57*, 1454-1463.

Flanagan, J. R., & Johansson, R. S. (2003). Action plans used in action observation. *Nature, 424*, 769-771.

Flom, R., Deák, G. O., Phill, C. G., & Pick, A. D. (2004). Nine-month-olds' shared visual attention as a function of gesture and object location. *Infant Behavior and Development, 27*, 181-194.

Franchak, J. M. (2019). Changing opportunities for learning in everyday life: Infant body position over the first year. *Infancy, 24*, 187-209.

Franchak, J. M., Kadooka, K., & Fausey, C. M. (2024). Longitudinal relations between independent walking, body position, and object experiences in home life. *Developmental Psychology, 60*, 228-242.

Franchak, J. M., Kretch, K. S., & Adolph, K. E. (2018). See and be seen: Infant-caregiver social looking during locomotor free play. *Developmental Science, 21*, Article e12626.

Franchak, J. M., Tang, M., Rousey, H., & Luo, C. (2024). Long-form recording of infant body position in the home using wearable inertial sensors. *Behavior Research Methods, 56*, 4982-5001.

Franchak, J. M., & Yu, C. (2022). Beyond screen time: Using head-mounted eye tracking to study natural behavior. *Advances in Child Development and Behavior, 62*, 61-91.

Fu, X., Franchak, J. M., MacNeill, L. A., Gunther, K. E., Borjon, J. I., Yurkovic-Harding, J., Harding, S., Bradshaw, J., & Pérez-Edgar, K. E. (2024). Implementing mobile eye tracking in psychological research: A practical guide. *Behavior Research Methods*, 1-20.

Gonseth, C., Vilain, A., & Vilain, C. (2013). An experimental study of speech/gesture interactions and distance encoding. *Speech Communication, 55*, 553-571.

Ishikawa, M., & Itakura, S. (2019). Physiological arousal predicts gaze following in infants. *Proceedings of the Royal Society B: Biological Sciences, 286*, Article 20182746.

Johansson, R. S., Westling, G., Bäckström, A., & Flanagan, J. R. (2001). Eye-hand coordination in object manipulation. *Journal of Neuroscience, 21*, 6917-6932.

Kano, F. (2023). Evolution of the uniformly white sclera in humans: Critical updates. *Trends in Cognitive Sciences, 27*, 10-12.

Kano, F., Furuichi, T., Hashimoto, C., Krupenye, C., Leinwand, J. G., Hopper, L. M., Martin, C. F., Otsuka, R., & Tajima, T. (2022). What is unique about the human eye? Comparative image analysis on the external eye morphology of human and nonhuman great apes. *Evolution and Human Behavior, 43*, 169-180.

Kano, F., Kawaguchi, Y., & Hanling, Y. (2022). Experimental evidence that uniformly white sclera enhances the visibility of eye-gaze direction in humans and chimpanzees. *eLife, 11*, Article e74086.

Karasik, L. B., Tamis-LeMonda, C. S., & Adolph, K. E. (2011). Transition from crawling to walking and infants' actions with objects and people. *Child Development, 82*, 1199-1209.

Karasik, L. B., Tamis-LeMonda, C. S., & Adolph, K. E. (2014). Crawling and walking infants elicit

Baldwin, D. A. (1993). Early referential understanding: Infants' ability to recognize referential acts for what they are. *Developmental Psychology, 29*, 832-843.

Bornstein, M. H., Tamis-LeMonda, C. S., Hahn, C.-S., & Haynes, O. M. (2008). Maternal responsiveness to young children at three ages: Longitudinal analysis of a multidimensional, modular, and specific parenting construct. *Developmental Psychology, 44*, 867-874.

Bottema-Beutel, K. (2016). Associations between joint attention and language in autism spectrum disorder and typical development: A systematic review and meta-regression analysis. *Autism Research, 9*, 1021-1035.

Brooks, R., & Meltzoff, A. N. (2005). The development of gaze following and its relation to language. *Developmental Science, 8*, 535-543.

Brooks, R., & Meltzoff, A. N. (2015). Connecting the dots from infancy to childhood: A longitudinal study connecting gaze following, language, and explicit theory of mind. *Journal of Experimental Child Psychology, 130*, 67-78.

Butterworth, G., & Jarrett, N. (1991). What minds have in common is space: Spatial mechanisms serving joint visual attention in infancy. *British Journal of Developmental Psychology, 9*, 55-72.

Carpenter, M., Nagell, K., & Tomasello, M. (1998). *Social cognition, joint attention, and communicative competence from 9 to 15 months of age. Monographs of the Society for Research in Child Development*, vol. 63. University of Chicago Press.

Chang, L., de Barbaro, K., & Deák, G. (2016). Contingencies between infants' gaze, vocal, and manual actions and mothers' object-naming: Longitudinal changes from 4 to 9 months. *Developmental Neuropsychology, 41*, 342-361.

Chang, L. M., & Deák, G. O. (2019). Maternal discourse continuity and infants' actions organize 12-month-olds' language exposure during object play. *Developmental Science, 22*, Article e12770.

Chen, Q., Schneider, J. L., West, K. L., & Iverson, J. M. (2023). Infant locomotion shapes proximity to adults during everyday play in the US. *Infancy, 28*, 190-205.

Deák, G. O., Flom, R. A., & Pick, A. D. (2000). Effects of gesture and target on 12- and 18-month-olds' joint visual attention to objects in front of or behind them. *Developmental Psychology, 36*, 511-523.

Deák, G. O., Krasno, A. M., Triesch, J., Lewis, J., & Sepeta, L. (2014). Watch the hands: Infants can learn to follow gaze by seeing adults manipulate objects. *Developmental Science, 17*, 270-281.

Emery, N. J. (2000). The eyes have it: The neuroethology, function and evolution of social gaze. *Neuroscience & Biobehavioral Reviews, 24*, 581-604.

Farroni, T., Csibra, G., Simion, F., & Johnson, M. H. (2002). Eye contact detection in humans from birth. *Proceedings of the National Academy of Sciences, 99*, 9602-9605.

Farroni, T., Massaccesi, S., Pividori, D., & Johnson, M. H. (2004). Gaze following in newborns. *Infancy, 5*, 39-60.

Suanda, S. H., Smith, L. B., & Yu, C. (2018). The multisensory nature of verbal discourse in parent-toddler interactions. In L. Gogate (Ed.), *Multisensory perception and communication: Brain, behaviour, environment interaction, and development in the early years* (pp. 56-73). Routledge.

Swirbul, M. S., Herzberg, O., & Tamis-LeMonda, C. S. (2022). Object play in the everyday home environment generates rich opportunities for infant learning. *Infant Behavior and Development, 67*, Article 101712.

Tamis-LeMonda, C. S., Bornstein, M. H., & Baumwell, L. (2001). Maternal responsiveness and children's achievement of language milestones. *Child Development, 72*, 748-767.

Tamis-LeMonda, C. S., Custode, S., Kuchirko, Y., Escobar, K., & Lo, T. (2019). Routine language: Speech directed to infants during home activities. *Child Development, 90*, 2135-2152.

Tamis-LeMonda, C. S., Kuchirko, Y., & Song, L. (2014). Why is infant language learning facilitated by parental responsiveness? *Current Directions in Psychological Science, 23*, 121-126.

Tamis-LeMonda, C. S., Kuchirko, Y., & Tafuro, L. (2013). From action to interaction: Infant object exploration and mothers' contingent responsiveness. *IEEE Transactions on Autonomous Mental Development, 5*, 202-209.

Walle, E. A., & Campos, J. J. (2014). Infant language development is related to the acquisition of walking. *Developmental Psychology, 50*, 336-348.

West, K. L., Fletcher, K. K., Adolph, K. E., & Tamis-LeMonda, C. S. (2022). Mothers talk about infants' actions: How verbs correspond to infants' real-time behavior. *Developmental Psychology, 58*, 405-416.

West, K. L., & Iverson, J. M. (2017). Language learning is hands-on: Exploring links between infants' object manipulation and verbal input. *Cognitive Development, 43*, 190-200.

West, K. L., & Iverson, J. M. (2021). Communication changes when infants begin to walk. *Developmental Science, 24*, Article e13102.

West, K. L., Saleh, A. N., Adolph, K. E., & Tamis-LeMonda, C. S. (2023). "Go, go, go!" Mothers' verbs align with infants' locomotion. *Developmental Science, 26*, Article e13397.

Yu, C., & Smith, L. B. (2012). Embodied attention and word learning by toddlers. *Cognition, 125*, 244-262.

## 第5章

Abney, D. H., Suanda, S. H., Smith, L. B., & Yu, C. (2020). What are the building blocks of parent-infant coordinated attention in free-flowing interaction? *Infancy, 25*, 871-887.

Adamson, L. B., Bakeman, R., & Deckner, D. F. (2004). The development of symbol-infused joint engagement. *Child Development, 75*, 1171-1187.

Bakeman, R., & Adamson, L. B. (1984). Coordinating attention to people and objects in mother-infant and peer-infant interaction. *Child Development, 55*, 1278-1289.

1-30.

Lockman, J. J., & Tamis-LeMonda, C. S. (2021). Young children's interactions with objects: Play as practice and practice as play. *Annual Review of Developmental Psychology, 3*, 165-186.

Long, B., Goodin, S., Kachergis, G., Marchman, V. A., Radwan, S. F., Sparks, R. Z., Xiang, V., Zhuang, C., Hsu, O., Newman, B., Yamins, D. L. K., & Frank, M. C. (2024). The BabyView camera: Designing a new head-mounted camera to capture children's early social and visual environments. *Behavior Research Methods, 56*, 3523-3534.

Masek, L. R., McMillan, B. T. M., Paterson, S. J., Tamis-LeMonda, C. S., Golinkoff, R. M., & Hirsh-Pasek, K. (2021). Where language meets attention: How contingent interactions promote learning. *Developmental Review, 60*, Article 100961.

Moore, C., Dailey, S., Garrison, H., Amatuni, A., & Bergelson, E. (2019). Point, walk, talk: Links between three early milestones, from observation and parental report. *Developmental Psychology, 55*, 1579-1593.

小椋たみ子・綿巻徹 (2004).『日本語マッカーサー乳幼児言語発達質問紙「語と身振り」手引』京都国際社会福祉センター

Pereira, A. F., Smith, L. B., & Yu, C. (2014). A bottom-up view of toddler word learning. *Psychonomic Bulletin & Review, 21*, 178-185.

Phillips, J. R. (1973). Syntax and vocabulary of mothers' speech to young children: Age and sex comparisons. *Child Development, 44*, 182-185.

Roy, B. C., Frank, M. C., DeCamp, P., Miller, M., & Roy, D. (2015). Predicting the birth of a spoken word. *Proceedings of the National Academy of Sciences, 112*, 12663-12668.

Schneider, J. L., & Iverson, J. M. (2022). Cascades in action: How the transition to walking shapes caregiver communication during everyday interactions. *Developmental Psychology, 58*, 1-16.

Schroer, S. E., & Yu, C. (2023). Looking is not enough: Multimodal attention supports the real-time learning of new words. *Developmental Science, 26*, Article e13290.

Slone, L. K., Abney, D. H., Smith, L. B., & Yu, C. (2023). The temporal structure of parent talk to toddlers about objects. *Cognition, 230*, Article 105266.

Smith, L. B., Yu, C., & Pereira, A. F. (2011). Not your mother's view: The dynamics of toddler visual experience. *Developmental Science, 14*, 9-17.

Smith, L. B., Yu, C., Yoshida, H., & Fausey, C. M. (2015). Contributions of head-mounted cameras to studying the visual environments of infants and young children. *Journal of Cognition and Development, 16*, 407-419.

Snow, C. (1983). Literacy and language: Relationships during the preschool years. *Harvard Educational Review, 53*, 165-189.

Soderstrom, M. (2007). Beyond babytalk: Re-evaluating the nature and content of speech input to preverbal infants. *Developmental Review, 27*, 501-532.

Franchak, J. M., Kadooka, K., & Fausey, C. M. (2024). Longitudinal relations between independent walking, body position, and object experiences in home life. *Developmental Psychology, 60*, 228-242.

Frank, M. C., Braginsky, M., Yurovsky, D., & Marchman, V. A. (2017). Wordbank: An open repository for developmental vocabulary data. *Journal of Child Language, 44*, 677-694.

Goldstein, M. H., & Schwade, J. A. (2008). Social feedback to infants' babbling facilitates rapid phonological learning. *Psychological Science, 19*, 515-523.

Goldstein, M. H., Schwade, J., Briesch, J., & Syal, S. (2010). Learning while babbling: Prelinguistic object-directed vocalizations indicate a readiness to learn. *Infancy, 15*, 362-391.

萩原広道・水谷天智・山本寛樹・阪上雅昭 . (2023).「変分オートエンコーダーを用いた乳幼児期の語彙発達過程の探索」『認知科学』*30*, 499-514.

Hagihara, H., Yamamoto, H., Moriguchi, Y., & Sakagami, M. (2022). When "shoe" becomes free from "putting on": The link between early meanings of object words and object-specific actions. *Cognition, 226*, Article 105177.

He, M., Walle, E. A., & Campos, J. J. (2015). A cross-national investigation of the relationship between infant walking and language development. *Infancy, 20*, 283-305.

Heiman, C. M., Cole, W. G., Lee, D. K., & Adolph, K. E. (2019). Object interaction and walking: Integration of old and new skills in infant development. *Infancy, 24*, 547-569.

Herzberg, O., Fletcher, K. K., Schatz, J. L., Adolph, K. E., & Tamis-LeMonda, C. S. (2022). Infant exuberant object play at home: Immense amounts of time-distributed, variable practice. *Child Development, 93*, 150-164.

Hills, T. T., Maouene, M., Maouene, J., Sheya, A., & Smith, L. (2009). Longitudinal analysis of early semantic networks: Preferential attachment or preferential acquisition? *Psychological Science, 20*, 729-739.

Iverson, J. M. (2021). Developmental variability and developmental cascades: Lessons from motor and language development in infancy. *Current Directions in Psychological Science, 30*, 228-235.

Iverson, J. M. (2022). Developing language in a developing body, revisited: The cascading effects of motor development on the acquisition of language. *Wiley Interdisciplinary Reviews: Cognitive Science, 13*, Article e1626.

Karasik, L. B., Tamis-LeMonda, C. S., & Adolph, K. E. (2011). Transition from crawling to walking and infants' actions with objects and people. *Child Development, 82*, 1199-1209.

Karasik, L. B., Tamis-LeMonda, C. S., & Adolph, K. E. (2014). Crawling and walking infants elicit different verbal responses from mothers. *Developmental Science, 17*, 388-395.

Kretch, K. S., Franchak, J. M., & Adolph, K. E. (2014). Crawling and walking infants see the world differently. *Child Development, 85*, 1503-1518.

Lavi-Rotbain, O., & Arnon, I. (2023). Zipfian Distributions in child-directed speech. *Open Mind, 7*,

Roy, B. C., Frank, M. C., DeCamp, P., Miller, M., & Roy, D. (2015). Predicting the birth of a spoken word. *Proceedings of the National Academy of Sciences, 112*, 12663-12668.

Soska, K. C., Robinson, S. R., & Adolph, K. E. (2015). A new twist on old ideas: How sitting reorients crawlers. *Developmental Science, 18*, 206-218.

Spelke, E. S., Breinlinger, K., Macomber, J., & Jacobson, K. (1992). Origins of knowledge. *Psychological Review, 99*, 605-632.

Tomasello, M. (1995). Joint attention as social cognition. In C. Moore & P. J. Dunham (Eds.), *Joint attention: Its origins and role in development* (pp. 103-130). Lawrence Erlbaum Associates.

Toyama, N. (2020). Social exchanges with objects across the transition from crawling to walking. *Early Child Development and Care, 190*, 1031-1041.

von Hofsten, C., & Rönnqvist, L. (1988). Preparation for grasping an object: A developmental study. *Journal of Experimental Psychology: Human Perception and Performance, 14*, 610-621.

Yonas, A., Granrud, C. E., & Pettersen, L. (1985). Infants' sensitivity to relative size information for distance. *Developmental Psychology, 21*, 161-167.

## 第4章

Belsky, J., & Most, R. K. (1981). From exploration to play: A cross-sectional study of infant free play behavior. *Developmental Psychology, 17*, 630-639.

Bornstein, M. H., Tamis-LeMonda, C. S., Hahn, C.-S., & Haynes, O. M. (2008). Maternal responsiveness to young children at three ages: Longitudinal analysis of a multidimensional, modular, and specific parenting construct. *Developmental Psychology, 44*, 867-874.

Clearfield, M. W. (2011). Learning to walk changes infants' social interactions. *Infant Behavior and Development, 34*, 15-25.

Clearfield, M. W., Osborne, C. N., & Mullen, M. (2008). Learning by looking: Infants' social looking behavior across the transition from crawling to walking. *Journal of Experimental Child Psychology, 100*, 297-307.

Cox, C., Bergmann, C., Fowler, E., Keren-Portnoy, T., Roepstorff, A., Bryant, G., & Fusaroli, R. (2023). A systematic review and Bayesian meta-analysis of the acoustic features of infant-directed speech. *Nature Human Behaviour, 7*, 114-133.

Custode, S. A., & Tamis-LeMonda, C. (2020). Cracking the code: Social and contextual cues to language input in the home environment. *Infancy, 25*, 809-826.

Fenson, L., Dale, P. S., Reznick, J. S., Thai, D., Bates, E., Hartung, J. P., Pethick, S., & Relly, J. S. (1993). *MacArthur Communicative Development Inventories: User's guide and technical manual.* Singular Press.

Fourtassi, A., Bian, Y., & Frank, M. C. (2020). The growth of children's semantic and phonological networks: Insight from 10 languages. *Cognitive Science, 44*, Article e12847.

Claxton, L. J., Keen, R., & McCarty, M. E. (2003). Evidence of motor planning in infant reaching behavior. *Psychological Science, 14*, 354-356.

Cole, W. G., Robinson, S. R., & Adolph, K. E. (2016). Bouts of steps: The organization of infant exploration. *Developmental Psychobiology, 58*, 341-354.

Dosso, J. A., & Boudreau, J. P. (2014). Crawling and walking infants encounter objects differently in a multi-target environment. *Experimental Brain Research, 232*, 3047-3054.

Forssberg, H. (1985). Ontogeny of human locomotor control. I. Infant stepping, supported locomotion and transition to independent locomotion. *Experimental Brain Research, 57*, 480-493.

Franchak, J. M., & Yu, C. (2022). Beyond screen time: Using head-mounted eye tracking to study natural behavior. *Advances in Child Development and Behavior, 62*, 61-91.

Herzberg, O., Fletcher, K. K., Schatz, J. L., Adolph, K. E., & Tamis-LeMonda, C. S. (2022). Infant exuberant object play at home: Immense amounts of time-distributed, variable practice. *Child Development, 93*, 150-164.

Hoch, J. E., Rachwani, J., & Adolph, K. E. (2020). Where infants go: Real-time dynamics of locomotor exploration in crawling and walking infants. *Child Development, 91*, 1001-1020.

Karasik, L. B., Tamis-LeMonda, C. S., & Adolph, K. E. (2011). Transition from crawling to walking and infants' actions with objects and people. *Child Development, 82*, 1199-1209.

Karasik, L. B., Tamis-LeMonda, C. S., & Adolph, K. E. (2014). Crawling and walking infants elicit different verbal responses from mothers. *Developmental Science, 17*, 388-395.

Kretch, K. S., Franchak, J. M., & Adolph, K. E. (2014). Crawling and walking infants see the world differently. *Child Development, 85*, 1503-1518.

西尾千尋 (2019).『乳児の独立歩行の発達の生態学的研究 ―― 移動を含む行為の発達と生活環境の資源』東京大学博士論文

西尾千尋・青山慶・佐々木正人 (2015).「乳児の歩行の発達における部屋の環境資源」『認知科学』*22*, 151-166.

西尾千尋・石井千夏・外山紀子 (2021).「歩行開始期において乳児が物と関わる行動の発達 ―― 保育室での縦断的観察に基づく検討」『認知科学』*28*, 578-592.

Nishio, C., Nozawa, H., Yamazaki, H., & Kudo, K. (2023) Putting things in and taking them out of containers: A young child's interaction with objects. *Frontiers in Psychology, 14*, Article 1120605.

Orendurff, M. S., Schoen, J. A., Bernatz, G. C., Segal, A. D., & Klute, G. K. (2008). How humans walk: Bout duration, steps per bout, and rest duration. *Journal of Rehabilitation Research & Development, 45*, 1077-1090.

Piaget, J. (1954). *The construction of reality in the child* (M. Cook Trans.). Basic Books.

Rochat, P. (2001). *The infant's world*. Harvard University Press.（板倉昭二・開一夫訳，2004『乳児の世界』ミネルヴァ書房）

Prechtl, H. F. (1990). Qualitative changes of spontaneous movements in fetus and preterm infant are a marker of neurological dysfunction. *Early Human Development*, *23*, 151-158.

佐々木正人 (2011).「包囲する段差と行為の発達」『発達心理学研究』*22*, 357-368.

Siegler, R., DeLoache, J., & Eisenberg, N. (2003). *How children develop*. Worth.

Soska, K. C., Galeon, M. A., & Adolph, K. E. (2012). On the other hand: Overflow movements of infants' hands and legs during unimanual object exploration. *Developmental Psychobiology*, *54*, 372-382.

Sparling, J. W., Van Tol, J., & Chescheir, N. C. (1999). Fetal and neonatal hand movement. *Physical Therapy*, *79*, 24-39.

Thelen, E. (1981). Rhythmical behavior in infancy: An ethological perspective. *Developmental Psychology*, *17*, 237-257.

Thelen, E., Corbetta, D., Kamm, K., Spencer, J. P., Schneider, K., & Zernicke, R. F. (1993). The transition to reaching: Mapping intention and intrinsic dynamics. *Child Development*, *64*, 1058-1098.

van der Meer, A. L. H. (1997). Visual guidance of passing under a barrier. *Early Development & Parenting*, *6*, 149-157.

van der Meer, A. L. H., & van der Weel, F. R. R. (2011). Auditory guided arm and whole body movements in young infants. In P. Strumillo (Ed.), *Advances in sound localization* (pp. 297-314). IntechOpen.

Verrel, J., Pologe, S., Manselle, W., Lindenberger, U., & Woollacott, M. (2013). Coordination of degrees of freedom and stabilization of task variables in a complex motor skill: Expertise-related differences in cello bowing. *Experimental Brain Research*, *224*, 323-334.

von Hofsten, C., Vishton, P., Spelke, E. S., Feng, Q., & Rosander, K. (1998). Predictive action in infancy: Tracking and reaching for moving objects. *Cognition*, *67*, 255-285.

山本尚樹 (2016).『個のダイナミクス ── 運動発達研究の源流と展開』（佐々木正人・國吉康夫編，新・身体とシステム）金子書房

山﨑寛恵 (2011).「乳児期におけるつかまり立ちの生態幾何学的記述 ── 姿勢制御と面の配置の知覚に着目して」『質的心理学研究』*10*, 7-24.

## 第3章

Airaksinen, M., Taylor, E., Gallen, A., Ilén, E., Saari, A., Sankilampi, U., Räsänen, O., Haataja, L. M., & Vanhatalo, S. (2023). Charting infants' motor development at home using a wearable system: Validation and comparison to physical growth charts. *eBioMedicine*, *92*, Article 104591.

Adolph, K. E., Cole, W. G., Komati, M., Garciaguirre, J. S., Badaly, D., Lingeman, J. M., Chan, G. L. Y., & Sotsky, R. B. (2012). How do you learn to walk? Thousands of steps and dozens of falls per day. *Psychological Science*, *23*, 1387-1394.

吉村壽次編集代表 (2009).『化学辞典〔第 2 版〕』森北出版

## 第 2 章

Adolph, K. E., & Berger, S. E. (2011). Physical and motor development. In M. H. Bornstein & M. E. Lamb (Eds.), *Developmental science: An advanced textbook* (6th ed., pp. 241-302). Psychology Press.

Adolph, K. E., Berger, S. E., & Leo, A. J. (2011). Developmental continuity? Crawling, cruising, and walking. *Developmental Science, 14*, 306-318.

Adolph, K. E., Vereijken, B., & Denny, M. A. (1998). Learning to crawl. *Child Development, 69*, 1299-1312.

Bernstein, N. A. (1967). *The co-ordination and regulation of movements*. Pergamon Press.

Bernstein, N. A. (1996). *Dexterity and its development* (M. L. Latash & M. T. Turvey, Eds.). Lawrence Erlbaum Associates.

Darrah, J., Redfern, L., Maguire, T. O., Beaulne, A. P., & Watt, J. (1998). Intra-individual stability of rate of gross motor development in full-term infants. *Early Human Development, 52*, 169-179.

Fantz, R. L. (1963). Pattern vision in newborn infants. *Science, 140*, 296-297.

Gibson, E. J., & Pick, A. D. (2003). *An ecological approach to perceptual learning and development*. Oxford University Press.

Gibson, J. J. (1986). *The ecological approach to visual perception*. Lawrence Erlbaum Associates. (Original work published 1979, Houghton Mifflin).

Goldfield, E. C. (1989). Transition from rocking to crawling: Postural constraints on infant movement. *Developmental Psychology, 25*, 913-919.

Hadders-Algra, M. (2018). Early human motor development: From variation to the ability to vary and adapt. *Neuroscience and Biobehavioral Reviews, 90*, 411-427.

厚生労働省 (2011).「乳幼児身体発育調査── 調査結果の概要」https://www.mhlw.go.jp/toukei/list/dl/73-22-01.pdf

McGraw, M. B., & Breeze, K. W. (1941). Quantitative studies in the development of erect locomotion. *Child Development, 12*, 267-303.

Myowa-Yamakoshi, M., & Takeshita, H. (2006). Do human fetuses anticipate self-oriented actions? A study by four-dimensional (4D) ultrasonography. *Infancy, 10*, 289-301.

中澤篤志 (2009).「知っておきたいキーワード　モーションキャプチャ」『映像情報メディア学会誌』*63*, 1224-1227.

西尾千尋・青山慶・佐々木正人 (2015).「乳児の歩行の発達における部屋の環境資源」『認知科学』*22*, 151-166.

西尾千尋・工藤和俊・佐々木正人 (2018).「乳児の歩き出しの生態学的検討 ── 独立歩行の発達と生活環境の資源」『発達心理学研究』*29*, 73-83.

Spontaneous object carrying in 13-month-old crawling and walking infants. *Developmental Psychology*, *48*, 389-397.

Karasik, L. B., Tamis-LeMonda, C. S., & Adolph, K. E. (2011). Transition from crawling to walking and infants' actions with objects and people. *Child Development*, *82*, 1199-1209.

Karasik, L. B., Tamis-LeMonda, C. S., & Adolph, K. E. (2014). Crawling and walking infants elicit different verbal responses from mothers. *Developmental Science*, *17*, 388-395.

Kretch, K. S., Franchak, J. M., & Adolph, K. E. (2014). Crawling and walking infants see the world differently. *Child Development*, *85*, 1503-1518.

Long, B. L., Sanchez, A., Kraus, A. M., Agrawal, K., & Frank, M. C. (2022). Automated detections reveal the social information in the changing infant view. *Child Development*, *93*, 101-116.

LoParo, D., Fonseca, A. C., Matos, A. P., & Craighead, W. E. (2023). A developmental cascade analysis of peer rejection, depression, anxiety, and externalizing problems from childhood through young adulthood. *Research on Child and Adolescent Psychopathology*, *51*, 1303-1314.

Masten, A. S., & Cicchetti, D. (2010). Developmental cascades. *Development and Psychopathology*, *22*, 491-495.

Oakes, L. M. (2023). Understanding developmental cascades and experience: Diversity matters. *Infancy*, *28*, 492-506.

Oakes, L. M., & Rakison, D. H. (2020). *Developmental cascades: Building the infant mind*. Oxford University Press.

Schneider, J. L., & Iverson, J. M. (2022). Cascades in action: How the transition to walking shapes caregiver communication during everyday interactions. *Developmental Psychology*, *58*, 1-16.

小学館ランダムハウス英和大辞典第 2 版編集委員会編 (1993).『ランダムハウス英和大辞典』小学館

Tamis-LeMonda, C. S., & Lockman, J. J. (Eds.). (2023). *Developmental cascades. Advances in child development and behavior*, vol. 64. Academic Press.

Toyama, N. (2020). Social exchanges with objects across the transition from crawling to walking. *Early Child Development and Care*, *190*, 1031-1041.

Toyama, N. (2023). Locomotion development and infants' object interaction in a day-care environment. *Infancy*, *28*, 684-704.

外山紀子・中島伸子 (2013).『乳幼児は世界をどう理解しているか――実験で読みとく赤ちゃんと幼児の心』新曜社

Verhagen, M,. Derks, M., Roelofs, K., & Maciejewski, D. (2023). Behavioral inhibition, negative parenting, and social withdrawal: Longitudinal associations with loneliness during early, middle, and late adolescence. *Child Development*, *94*, 512-528.

West, K. L., & Iverson, J. M. (2021). Communication changes when infants begin to walk. *Developmental Science*, *24*, Article e13102.

# 引用文献

## 第1章


Beeson, C. M. L., Brittain, H., & Vaillancourt, T. (2020). The temporal precedence of peer rejection, rejection sensitivity, depression, and aggression across adolescence. *Child Psychiatry and Human Development*, *51*, 781-791.

Bornstein, M. H., Hahn, C.-S., Bell, C., Haynes, O. M., Slater, A., Golding, J., Wolke, D., & the ALSPAC Study Team (2006). Stability in cognition across early childhood: A developmental cascade. *Psychological Science*, *17*, 151-158

Bornstein, M. H., Hahn, C.-S., & Suwalsky, J. T. D. (2013).Developmental pathways among adaptive functioning and externalizing and internalizing behavioral problems: Cascades from childhood into adolescence. *Applied Developmental Science*, *17*, 76-87.

Burt, K. B., Obradović, J., Long, J. D., & Masten, A. S. (2008). The interplay of social competence and psychopathology over 20 years: Testing transactional and cascade models. *Child Development*, *79*, 359-374.

Clearfield, M. W. (2011). Learning to walk changes infants' social interactions. *Infant Behavior and Development*, *34*, 15-25.

Clearfield, M. W., Osborne, C. N., & Mullen, M. (2008). Learning by looking: Infants' social looking behavior across the transition from crawling to walking. *Journal of Experimental Child Psychology*, *100*, 297-307.

Fry, A. F., & Hale, S. (1996). Processing speed, working memory, and fluid intelligence: Evidence for a developmental cascade. *Psychological Science*, *7*, 237-241.

Hove, M. J., & Risen, J. L. (2009). It's all in the timing: Interpersonal synchrony increases affiliation. *Social Cognition*, *27*, 949-961.

Iverson, J. M. (2010). Developing language in a developing body: The relationship between motor development and language development. *Journal of Child Language*, *37*, 229-261.

直原康光・登藤直弥・荒牧美佐子・塩崎尚美・久保尊洋・安藤智子 (2023).「幼児期後期から児童期後期の外在化・内在化問題，向社会的行動の経時的な相互関係——8年間の縦断データを用いた交差遅延効果モデルによる発達カスケードの検討」『発達心理学研究』*34*, 208-218.

Karasik, L. B., Adolph, K. E., Tamis-LeMonda, C. S., & Zuckerman, A. L. (2012). Carry on:

ホック（Hoch, J. E.） 40
ポルトマン（Portmann, A.） 138

## ま行

マグロー（McGraw, M. B.） 16
宮津寿美香 122, 123, 129
メルツォフ（Meltzoff, A. N.） 85
モンタギュー（Montagu, A.） 148

## や行

山﨑寛恵 24
山本尚樹 21
ユー（Yu, C.） 90

## ら行

リツコウスキ（Liszkowski, U.） 124
ロイ（Roy, B. C.） 49

## わ行

ワレ（Walle, E. A.） 54, 56

# 人名索引


## あ行

アイヴァーソン（Iverson, J. M.）　70, 72
アダムソン（Adamson, L. B.）　87, 109, 127
アドルフ（Adolph, K. E.）　32, 34, 35, 42, 43
アルドリッチ（Aldrich, N. J.）　142
石島このみ　158, 159
ウェスト（West, K. L.）　65, 66, 70
大藪泰　123, 127, 129
オークス（Oakes, L. M.）　2, 3

## か行

カラシック（Karasik, L. B.）　70, 71
カンポス（Campos, J. J.）　54, 56
岸本健　124
ギブソン，エレノア（Gibson, E. J.）　32, 42
クリアフィールド（Clearfield, M. W.）　113
クレッチ（Kretch, K. S.）　33
ゲゼル（Gesell, A. L.）　16
ゴールドフィールド（Goldfield, E. C.）　23

## さ行

佐々木正人　25
直原康光　5
ジャレット（Jarrett, N.）　81
シュナイダー（Schneider, J. L.）　72
スミス（Smith, L. B.）　62, 90, 172

## た行

タミス－レモンダ（Tamis-LeMonda, C. S.）　58
テーレン（Thelen, E.）　13, 15, 28, 32
トマセロ（Tomasello, M.）　45, 109, 125

## な行

西尾千尋　2, 29, 30, 41, 48
根ヶ山光一　158, 159

## は行

萩原広道　68, 69
バターワース（Butterworth, G.）　81
パーテン（Parten, M. B.）　139
ピアジェ（Piaget, J.）　44
フォーゲル（Fogel, A.）　139
フランチャク（Franchak, J. M.）　93-96
ブリーズ（Breeze, K. W.）　16
ブルックス（Brooks, R.）　85
ベイクマン（Bakeman, R.）　87, 109, 127
ベルンシュタイン（Bernstein, N. A.）　28
ペレイラ（Pereira, A. F.）　62, 63
ボウルビー（Bowlby, J.）　149

モノの探索　43
モノを見せる　115
モノを渡す　115
模　倣　140
　──の伝播　147
　仲間間の──　146

## や行

歪んだ頻度分布　59
指さし　70, 80, 86, 89, 109, 121, 126, 142
　情報提供の──　121
　叙述の──　121, 128
　要求の──　121, 128
養育者の応答（性）　34, 57, 58, 60, 64, 65, 71-73, 102
養育者の随伴性　58
よちよち歩き　37

## ら行

ラベル　56, 85, 88
リーチング　13, 43
領域横断　4, 5, 166
連合遊び　139
ロコモーション　i
　──の発達　6, 110
ロッキング　22

社会的タッチ　153
社会的働きかけ　64, 70-72, 91, 102, 103, 118
社会的指さし　128
縦断研究　6
熟　達　28
常同運動　18
成熟論　11
精神病理学　4, 6
生理的早産　138
相互注視　79, 81, 85, 95-103

## た行

胎　児　17
対象の永続性　44
対人距離　96-102, 104
ダイナミックシステム・アプローチ　15, 165, 168, 172
対乳児発話　59
タッチ　148, 151
　世話の──　152
段　差　25, 42
探　索　40
直　視　79, 83, 98, 101, 102
つかまり立ち　24
つたい歩き　25
デコレーテッド・ルーム　123, 124
道具的タッチ　153
動作語　65, 66, 72, 102
動作模倣　140
頭部のコントロール　19
特定の状況との結びつき　59

## な行

仲間関係　138
二項関係　44, 64, 108
二項関係的かかわり　116-121, 143
日誌法　123
寝返り　21
ネットワーク構造　59

## は行

ハイガード　37
ハイハイ　22, 32
バースト性　59
発達カスケード　i, 1-5, 52, 54, 74, 75, 103, 163, 165, 166, 170
発達の軌跡　169
発達の共通性　173
発達の個別性　173
ビジュアルクリフ　43
一人遊び　139
ひとり（一人）指さし　122, 128
表情模倣　140
双　子　142
物体共有　70, 71, 103
物体操作　60, 62, 63, 67
文　化　170
保育場面　107, 114, 149
歩　行　32
　──のメリット　33
歩行獲得　54, 66, 73
歩行発達　29, 35-38, 54, 92, 96, 104

## ま行

マイルストーン　10-13
モーションキャプチャ　16, 18, 49
モノ遊び　60, 67, 90
モノとのかかわり　46, 107
モノの運搬　34, 43, 48, 67, 70-72, 91, 116, 120
モノの交換　108
モノの操作模倣　140, 142
モノの出し入れ　48

# 事項索引


## アルファベット

CPG　36
MCDI　54, 55
WEIRD　170
Wordbank　55

## あ行

アイコンタクト　79
愛　着　149
足場かけ的支援　161
アフォーダンス　25, 30, 32, 45, 47, 48
育児習慣　170
移動距離　113
移動の発達　21-23
意図的タッチ　151
ウェアラブル型の視線計測装置　89, 90, 94, 96, 98, 99, 104
ウェアラブルカメラ　62, 90
運動発達　10
　──の環境　24-30
応答的共同注意　82, 85
親子のコミュニケーション　102

## か行

加速度センサー　93
九カ月革命　45, 109, 125
協調運動　35
協同遊び　140
共同注意　45, 79-85, 87, 89-91, 95, 99, 108, 127
共同注意フレーム　132
共有注意　79, 83-87, 99, 103
偶発的タッチ　151
くすぐり遊び　158
経験サンプリング法　92, 93
言語発達　54
語意学習　56, 88
心の理論　83

## さ行

座位の獲得　20
坂　道　42
三項関係　44, 64, 108
三項関係的かかわり　116-121, 142, 143
支持的共同注意　87
システム論　13, 15, 16, 32
姿　勢　88, 91-95, 98, 103, 104
　──の発達　6, 17-21
姿勢と運動と行為の階層的な発達　51
視　線　96, 99
自然観察法　123
視線追従　79-82, 84, 85, 87, 90, 99, 103, 108
実験観察法　123
実験法　123
始発的共同注意　83
視野（視界）　33, 66, 92
社会的参照　108

# 著者紹介


外山《とやま》 紀子《のりこ》　［第 1 章，第 6 章，第 7 章，第 8 章（共著）］

1993 年，東京工業大学総合理工学研究科博士課程修了，博士（学術）

現在，早稲田大学人間科学学術院教授

主要著作に，『生命を理解する心の発達 ── 子どもと大人の素朴生物学』（ちとせプレス，2020 年），『乳幼児は世界をどう理解しているか ── 実験で読みとく赤ちゃんと幼児の心』（共著，新曜社，2013 年），『からだがたどる発達 ── 人・環境・時間のクロスモダリティ』（共編著，福村出版，2024 年）など。

西尾《にしお》 千尋《ちひろ》　［第 2 章，第 3 章，第 8 章（共著）］

2019 年，東京大学大学院学際情報学府博士課程修了，博士（学際情報学）

現在，甲南大学文学部講師

主要著作に，Putting things in and taking them out of containers: A young child's interaction with objects.（共著，*Frontiers in Psychology*, *14*, Article 1120605, 2023 年），「歩行開始期において乳児が物と関わる行動の発達 ── 保育室での縦断的観察に基づく検討」（共著，『認知科学』*28*, 578-592, 2021 年），「乳児の歩き出しの生態学的検討 ── 独立歩行の発達と生活環境の資源」（共著，『発達心理学研究』*29*, 73-83, 2018 年）など。

山本《やまもと》 寛樹《ひろき》　［第 4 章，第 5 章，第 8 章（共著）］

2017 年，京都大学大学院文学研究科博士課程指導認定退学，2020 年，博士（文学）

現在，インディアナ大学日本学術振興会海外特別研究員，大阪大学大学院人間科学研究科招へい研究員

主要著作に，「乳児の視覚経験の生態学」（『心理学評論』63, 102-117, 2020 年）など。

# 歩行が広げる乳児の世界

## 発達カスケードの探究

2024年10月10日　第1刷発行

著　者　外山 紀子
西尾 千尋
山本 寛樹
発行者　櫻井 堂雄
発行所　株式会社ちとせプレス
〒157-0062
東京都世田谷区南烏山 5-20-9-203
電話　03-4285-0214
http://chitosepress.com
装　幀　山影 麻奈
印刷・製本　大日本法令印刷株式会社


ISBN 978-4-908736-38-4　C1011